前瞻教育系列
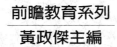
黃政傑主編

精進教師課堂教學的
藝術與想像

教學與學習的寧靜革命

林進材　著

五南圖書出版公司 印行

序

　　教學活動是從事教育工作者，必須精心規劃、妥善設計，透過專業知識與專門知識的融合，使教學設計付諸實現，以達成預期目標的專業活動。因爲，教學是學校教育的核心，透過教師教學活動的開展，有助於落實學校教育的目標；透過教學活動的實施，可以引導學生往預期的目標發展。教學活動同時是一種科學與藝術的結合，教學的科學是一種追求眞實、系統化、組織化、客觀性高的活動；教學的藝術在於追求主觀意識的美，在使個體達到賞心悅目，以達到藝術求眞、求善、求美的最高境界。

　　近年來，教育行政部門推動的教育改革，從「九年一貫課程」到「十二年國教」的政策制定與開展，到學校課程的更新與實施，引起學校行政領導者、教育工作者、教學工作者、關心教育工作者相當大的關注，希望透過教育改革的推動，提供學校教育一個新的契機、新的展望，期盼可以透過「教育改革」途徑，更新教師的教學專業能力，提升學生的學習成效。然而，教育改革的關鍵在於「課程與教學」，課程與教學成功的關鍵在於「教師的教學活動」。有鑑於此，本書的撰寫和出版，希望可以將教學的「過去、現在、未來」，透過「理論、方法、策略」的相互運用與驗證，提供教師教學科學與藝術的想像，引導教師從傳統教學中反思教學活動，更新自身的教學模式，在傳統教學與現代教學中，取得應有的動態平衡，透過教學科學與藝術的結合，提升教學品質與學習成效。

　　本書取名爲「精進教師課堂教學的藝術與想像」主要的用意，在於說明本書中的教學活動，是每一位教師在班級教學中，所必須面對的教學議題與教學想像，希望透過本書各種教學議題的分析說明，提供教師在教學活動進行時的參考，從本書的閱讀中瞭解教學可以改變

的地方，教學方法可以修正之處，教學策略可以更新的思維。從精進課堂教學的藝術與想像中，精進教師教學能力進而提升教師專業能力。

本書的副標題為「教學與學習的寧靜革命」，用意不在於要求教師在班級教學中，以「過於躁進」的革命態度，對教學作大幅度的改變。而是希望教師可以從「反省教學活動」中，思索傳統的教學活動，需要調整的地方，哪些是需要保留？哪些是需要微調？哪些是需要去蕪存菁？有哪些是需要吐故納新？希望透過舊傳統與新思維的相互碰撞過程，修改自己的教學模式，更新自己的教學思維，從教師教學活動的開展與學生學習活動的構思，提供「傳統與嶄新」的教學活動，讓學生可以從教師教學活動中，獲得更多的知識與成長。

本書在內容的構思方面，包括「教學的新思維議題」與「學習的新思維議題」二個重要的層面，主要是以前瞻教學的思維，針對傳統教學活動提出針砭意見，結合新的教學理念，研擬具有可行的教學策略。在教學的新思維議題篇章的內容方面，包括適性教育的教學藝術與想像、有效教學的藝術與想像、在地化與國際化的教學藝術與想像、教與學「贏的策略」藝術與想像；在學習的新思維議題篇章的內容方面，包括學習共同體的學習藝術與想像、學習效能的學習藝術與想像、知識活用的學習藝術與想像、縮短學習貧富差距的學習藝術與想像，每一章節的內容，以教學與學習短評的方式呈現，主要內容係作者多年來對臺灣教學現場的觀察與思維，透過理論與實際結合的評論，提供目前從事教學活動的教師，作為精進課堂教學的參考。希望本書的教學觀點、教學理念、教學藝術、教學想像，可以作為教師在教學設計與實施上的參考。

本書的特色，在於每一單元主題最後，開闢相關議題的「教學想像」，在內容方面包括「教學上的理想」與「教學上的改變」等論述。在「教學上的理想」，針對該單元的議題，提出教學活動實施的理想狀況，引導教師透過想像方式，瞭解議題的教學藝術；在「教學上的改變」提供教學上的改變契機，希望教師透過教學文章的閱讀，可以

在班級教學中，參考教學的藝術與想像，進行教學活動的調整，修正傳統的教學模式，以漸進方式改變教學，達到教與學寧靜革命的理想。

　　本書的撰寫與完成，最要感謝靜宜大學講座教授（前臺南大學校長）黃政傑教授的熱情邀稿，其治學嚴謹與研究精實態度，提攜與鞭策後輩之情懷，一直是學術界最為推崇之處。希望本書的出版，不要離他的期望太遠。此外，要感謝五南圖書出版公司，對本書出版的支持與協處，期盼本書的問世，能提供關心教學的各界人士，教學的新思維、新想像、新科學、新藝術。

林進材

臺南大學教育學系

於 2015/3/8

目　錄

第二篇　學習的新思維議題

第一篇

教學的新思維議題

教學活動包括「教師的教學」與「學生的學習」，傳統的教學觀念將重點放在教師的教學上，忽略對學生學習成效的重視。因此，教學活動常常被批評爲教師唱獨腳戲，忽略學生的學習活動，不重視學生的學習參與、學習態度、學習品質與學習成就。本篇的重點，除了重視教師的教學，也重視學生的學習，希望透過教學與學習活動的相互討論，激發出教學的新思維。

　　本篇的主題定爲「教學的新思維議題」，在議題方面包括適性教育的教學藝術與想像、有效教學的藝術與想像、在地化與國際化的教學藝術與想像、教與學「贏的策略」藝術與想像等議題，闡釋的內容包括教學的舊傳統與新思維、教學的科學與藝術、教學理論的運用、教學方法的應用、教學策略的擬定、教學評量的演進、教學效能的研究、教學研究的趨勢與革新等，希望透過本文的閱讀，可以提供教學工作者，一種嶄新的思維、清晰的理念，從教室的寧靜革命出發，引領結合傳統與現代的教學活動，進而提升教師教學品質。

第一章

適性教育的
教學藝術與想像

適性教育的意義，主要用意在於針對學生的學習性向與學習潛能，提供適應個別差異與個性的學習機會和環境，讓學生可以在學習方面，擁有「自我實現」和「學習成功」的機會（林進材，2015）。本章的主要意義，在於說明適性教育的教學應用，透過教學的藝術與想像，提供教師在適性教學方面的可行策略，並透過因材施教、有教無類、人盡其才理念的落實，讓教師在教學活動中，重視個別學生的發展，提供個別的策略，以激發學生學習上的興趣。

本章在內容方面，包括適性教學的意涵與應用、適性教學與差異化教學、提供學生希望的適性教學、讓學生可以人盡其才的教學、讓學生充滿信心的教學、運用學生感興趣的主題教學、強化學習動機的教學、教與學相互轉換的關鍵能力等單元，希望從適性教學的意義與應用，釐清相關的教學概念，引導教師的教學思考，從學生的個別發展為起點，重視學生的學習興趣、學習動機，以提升學生的學習信心，使學生對教學充滿信心，對學習充滿期待。

一、適性教學的意涵與應用

「避免用統一的標準，要求個別的學生」
「避免用相同的方法，指導學生的學習」

適性教學的意義，主要源自於適性教育的概念。有關適性教育的意義、概念澄清、實踐經驗、在教學上的應用，簡要說明如下：

㈠適性教育的意義

一般而言，適性教育所指的適性，是順應學生的性向學習和教育，或是發展適合學生學習本身和個性的教育。適性教育的發展，強調教育活動的實施，應該要針對學生的個性、潛能、需求和特性等，作為教育活動的參考。

㈡ 適性教育和個別教育

個別教育的理念，是奠基在於一對一的教育方式模式之上，透過一對一個教育方式，教師可以針對個別學生的學習與成長，考慮教學方法的運用，以及教學活動的設計。由於是一對一的個別教育方式，教師可以隨時提供學生在教學與輔導方面的協助。適性教育的理念是在教學活動進行中，教師可以依據個別學生的學習成長情形，提供適合每一位學生的教學策略與方法，透過適性教學的實施，可以提供學生在學習過程中，立即性的教學協助與支持。因此，適性教育策略的運用，有別於個別教育策略的運用。前者，主要在於提供不同學生適性的策略，並且能在團體教學中，隨時引導學生進行學習活動；個別教育的目的在於提供學生獨特的、個別的學習方式，引導學生達成學習效果。

㈢ 適性教育和個別發展

個別發展的重點在於強調個體發展時，不同階段的個別性需求、興趣、特性等個別化的發展。適性教育強調的是在群體中，不同個體發展上的需要。因此，適性教育並非針對個別學生，進行教育活動或教學活動。個別發展在學校教育方面，重視個別學生在發展上的需要，在學習方面的需求，必須針對個別學生進行教學方面的規劃設計。

㈣ 適性教育和傳統教育

適性教育和傳統教育的差別，在於傳統的制式化與填鴨式教學活動，並無法在教學活動實施中，考慮到個別學生之間的學習差異，無法使教學活動符合學生的學習需求，無法讓每一個學生得到良好的學習效果，教學活動的實施，無法及時顧及每一位學生的需要，協助學生解決學習上的困難，增加學生的學習參與感。適性教育可以在教學活動中，實施因材施教，充分考慮學生的個別差異，發掘每一位學生的學習優勢，提供及時的教學輔導。

㈤ 適性教育和適性教學

適性教育的重點，在於調整學習環境，使個體可以在團體的學習中，

得到個別性的發展，適性教育的理念在於提供適當的學習經驗，使個別學生可以達成學習目標。適性教學強調的是重視學生的學習經驗、學習特性與學習需求，透過對學生學習方面的評估，提供適合學生學習的最佳環境，使學生的學習成效可以達到最佳化。因此，適性教學的實施是需要提供特別的策略與方法，引導學生進行個別性的成長。

(六)適性教育的實踐經驗

適性教育和一般傳統的教育不同，適性教育是在傳統教育中，考慮到學生的個別差異，以符合學生的學習需求，讓每一位學生都可以在班級的學習中，發展適合自己特性的學習風格。

(七)學校教育上的意義

適性教育在學校教育上的意義，包括下列幾項重要的理念：1.提供適當的學習環境，給不同的學生，以進行多樣化的學習活動；2.學校應該要鼓勵學生培養積極進取的學習態度，透過各種策略與方法的運用，增進學生的學習興趣和效果；3.學校可以設計各種適合發展不同能力的課程，讓學生可以從課程與教學中，激發學習的潛能，並且促進優質的學習成長。

(八)教師教學上的意義

適性教育在教師教學上的意義，包括下列幾點重要的層面：1.教師應該針對學生不同性向發展、學習潛能、學習需求和特性，進行教學方面的設計，以適當的方法提供學生學習的機會；2.教師在教學方法的應用上，可以考慮採用腦力激盪術、發現學習、探究訓練等方法促進思考能力的發展，以增進學生的學習效能；3.教師應該針對不同學生的學習發展，提供適當的教學方法，激發學生對學習的興趣，並且提高學生的學習效果；4.教師應該考慮學生的學習能力與學習特性，提供個別化教學、特殊教育、適性教學，以滿足不同能力學生的要求。

(九)教導學生成為獨立的適性學習者

適性教育的提供是學校與其他教育機構的主要責任，但學習者自己應該是適性學習者的主要經營者（黃政傑、張嘉育，2010）。要教導學生成

爲獨立的適性學習者，下列幾項重要策略可以參考：

1.引導學生自己負起適性學習的主動角色

學校教育應該要讓學生瞭解自己對學習的責任，適性教育也應該引導學生自己要負起適性學習的主動角色，透過瞭解自己的特質，學習負起適性學習的責任。

2.引導並鼓勵適性學習者養成應備的主動角色

學習者要負起適性學習的主動角色，以養成各種學習的基本能力。當學生具備基本能力時，才有助於進行獨立學習。

3.建立終生學習系統以支持個人終生適性學習

學校應該培養學生建立終生學習系統，以支持個人終生適性學習活動的進行，透過學習系統的建立，才能激發學生自發性的學習。

適性教育的實施，不僅顧及傳統教育的方法，也兼顧新教育理念的策略，在教學活動的實施上，透過兼容並包的方法，提供學生因材施教的學習策略，以達到預期的教育目標。

㈩教學上的想像

適性教學的概念與實施，如同上街買鞋子，必須考慮左右腳的大小、襪子的厚薄、不同季節的腳大小、想要搭配的衣服、可能穿鞋的場合、經費上的預算、不同性別的需求、不同季節的氣候等因素，考慮上述的特性和需求，才能買到一雙適合的鞋子。

教師的教學活動設計，如同上街買鞋子，必須考慮教學者的條件與學習者的需求，才能「量身定作一套適性教學」，使教學活動的實施，適合學生的學習要件。教師的教學理念如果缺乏適性教學的概念，就容易導致「憑想像買鞋」、「依記憶選鞋」、「循經驗挑鞋」的現象。在教學設計與實施階段，教師應該將學生擺在第一位，瞭解學生的發展現況、參考學生的需求、掌握學生的生心理，選擇適合不同學生的教學方法，引導學生適性發展。

二、適性教學與差異化教學

適性教學與差異化教學的概念，源自於教學中重視學生的個別差異，教師在班級生活中，可以瞭解學生因為個別的生活經驗、家庭社經地位、社會文化經驗、父母教養態度等，而形成不同的個別差異現象。

㈠ 適性教學的意義

適性教學（adaptive teaching）的主要意義，是為了因應學生在學習方面的個別差異（例如不同的學習成就、學習才能、學習模式、學習經驗、學習風格等），可以達到一致性的教學方式。因此，適性教學的主要意義在於教師的教學，從教學設計、教學實施到教學評量階段，都可以針對學生的個別差異，進行適當的教學活動。

㈡ 適性教學的模式

適性教學的實施和一般的個別化教學不同，適性教學重視個別學生不同的學習差異，在教學活動實施中，可以針對不同學生給予不同的教學策略；個別化教學的實施，教師必須依據學生的個別情形，做不同的教學設計（例如以分組的方式）。適性教學的模式，依據相關的文獻指出，包括補救式教學方式與補償性教學方式，教師可以在教學中考慮採用此二種模式，因應學生的個別差異。

1.補救性教學方式

補救性教學方式（the remediation approach）是教師透過教學方式，提供學生必須具備的先前概念或知識、技巧，透過教學活動學習應該具備的能力。例如：學生在上數學四則運算前，應該要先具備加減乘除的先前概念，如果學生在此方面有所欠缺的話，教師就應該實施補救性教學，先瞭解學生的概念學習，哪些先前概念有所不足、哪些基本的學科知識需要補充、哪些語文字會需要加強、哪些英文單字需要背誦等，在正式教學展開前，先透過補救性教學方式，強化學生的學科知識與學科能力。

2.補償性教學方式

補償性教學方式（the compensatory approach）指的是，當學生缺乏某

些訊息、技巧或能力，教師選擇以避開或補償不足條件的方式來教學（郝永威，2011）。教師在運用補償性教學方法時，可以考慮用變更教學內容，避開學生的弱點，或是加強利用學生的學習優勢，進行教學活動以提高學習效能。

適性教學的實施，主要的用意在於教師針對學生的個別差異，引導學生一起學習並且透過共同學習的方式，達到教學預期的目標。透過補救性教學方式與補償性教學方式的實施，讓學生從教學中得到更大的效益。

(三)差異化教學的意義與模式

1. 差異化教學的意義

差異化教學（differentiated instruction）是一種針對同一班級之不同程度、學習需求、學習方式及學習興趣之學生，提供多元性學習輔導方案的教學模式。因此，差異化教學強調的是學生的學習程度、需求、方式等在學習上的特殊性。有關差異化教學的概念，請參見圖1（引自教育部，差異化教學補充資料）。

差異化教學的主要理念，是希望教師透過對學生個別差異及需求的瞭解，彈性地調整教學的內容、進度和教學評量的方式，透過策略與方法的應用，提升學生的學習效果，並且從教學中引導學生適性的發展。差異化教學的實施，除了考慮學生的需求之外，也顧及教師教學上的需要，是建立在下列的三個理論基礎上：(1)腦力研究（brain-based research）：透過腦力研究可以幫助我們瞭解到哪些的因素會影響學生的學習，瞭解愈多，愈能有助於教師提供學生更有效學習；(2)學習風格與多元智慧（learning styles and multiple intelligences）：瞭解學生運用視覺、聽覺或動覺接收訊息的偏好，以及學生多元智慧，可以幫助教師採取適切的教學；(3)真實性評量（authentic assessment）：經過測量之後，能夠瞭解學生是否學到教師所教的內容，所以課程必須與學生學習結合，教學策略必須配合學生需求，評量必須是多元、彈性和適切，且能評估學生持續的表現（吳清山，2014）。

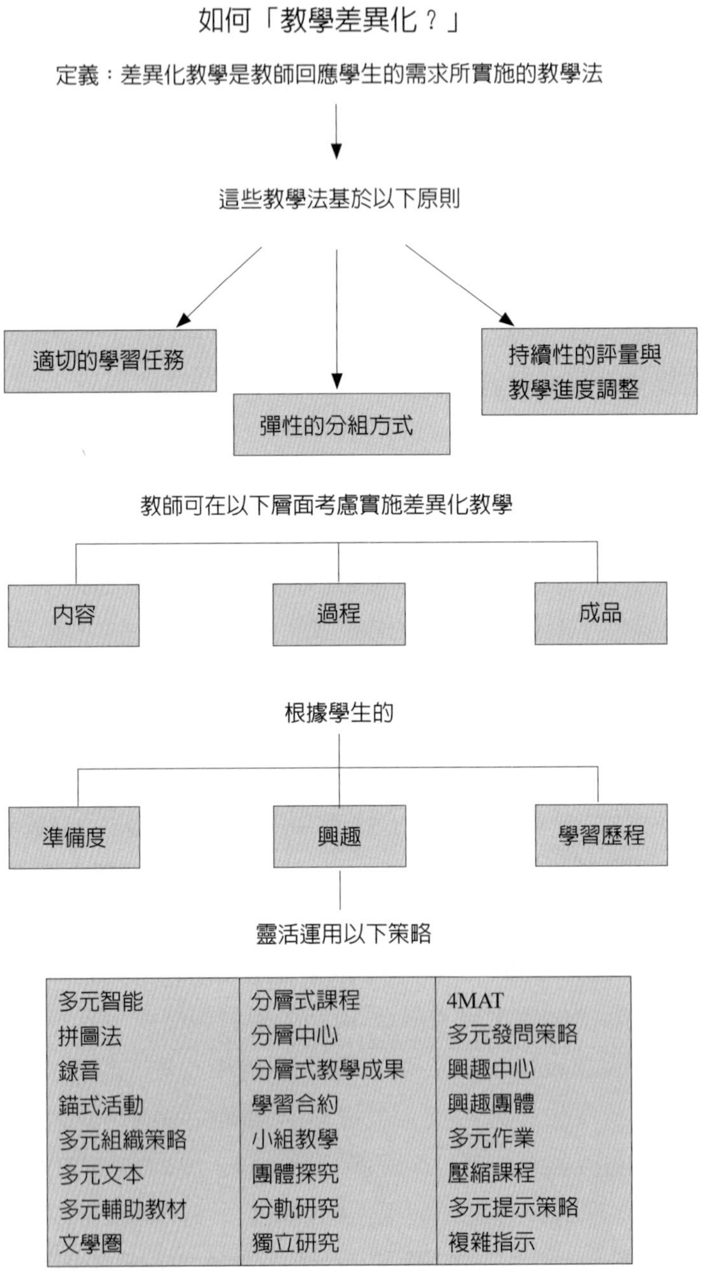

如何「教學差異化？」

定義：差異化教學是教師回應學生的需求所實施的教學法

這些教學法基於以下原則

| 適切的學習任務 | 彈性的分組方式 | 持續性的評量與教學進度調整 |

教師可在以下層面考慮實施差異化教學

| 內容 | 過程 | 成品 |

根據學生的

| 準備度 | 興趣 | 學習歷程 |

靈活運用以下策略

多元智能	分層式課程	4MAT
拼圖法	分層中心	多元發問策略
錄音	分層式教學成果	興趣中心
錨式活動	學習合約	興趣團體
多元組織策略	小組教學	多元作業
多元文本	團體探究	壓縮課程
多元輔助教材	分軌研究	多元提示策略
文學圈	獨立研究	複雜指示

圖1　差異化教學概念圖

2.差異化教學的模式

(1) 基本理念

差異化教學的實施，主要是奠基於：①依據學生學習差異及需求；②彈性調整教學內容、進度與評量方式；③提升學習效果，引導學生適性發展。透過差異化教學的實施，有助於提升教師專業，表達對學生學習方面的關心與支持，增加並提供學生學習歷程中的成功經驗，進而提升學生的學習效果。因此，差異化教學的關鍵，在於學生重視的學習差異情形，並依據學生的學習差異情形，給予學生不同的教學策略與方法。

(2) 差異化教學的方針

差異化教學的實施，主要是教師應該依據學生的個別差異以及學習上的需求，所實施的教學活動。因此，教師的教學要能積極掌握學生在學習方面的各種差異，並依據學科屬性，做內容的調整，針對各種需求妥善調整教學內容、進度，並採取適切的教學方法，以達到預期的教學目標。因此，差異化教學的實施，必須顧及各類型、各層級的學生需求。

(3) 學生的興趣、準備度、學習歷程

差異化教學的實施，在策略的選擇和運用方面，應該考慮學生的興趣、準備度及學習歷程等三方面的特性。在興趣方面，指的是學生對學習本身的偏好、喜歡的事物、善用的策略與方法、對特定主題的喜愛、覺得有關係有吸引力的事物等；在準備度方面，指的是學生學習的舊經驗、先前概念、學科基本技能與認知、對主題的基礎認知等；在學習歷程方面，指的是學生的學習風格、學習類型等。教師透過對學生興趣、準備度、學習歷程的掌握等，依據學生在此三方面的差異情形，選擇適合學生的學習策略。

(4) 學習策略與舉例

差異化教學在策略的選擇方面，由於學生在學習興趣、學習風格與準備度的不同，教師可以選用下列策略，作為差異化教學上的參考：

① 多元智能

例如：運用多元智能教學的方式，尊重學生的多元智能發展。

② 拼圖法

例如：用拼圖玩具進行教學，引導學生進行學習。

③ 錄音

例如：運用有聲教材進行教學活動。

④ 錨式活動

例如：運用圖示組織工具進行教學。

⑤ 多元組織策略

例如：運用多樣化的教材進行概念的教學活動。

⑥ 多元文本

例如：運用多樣化的教材。

⑦ 多元輔助材料

例如：運用多樣化的補充教材。

⑧ 文學圈

例如：運用文學作品賞析的方式，進行語文方面的教學。

⑨ 分層式課程

例如：運用多階梯式課堂，將課程依據深度，進行分層的學習。

⑩ 分層中心

例如：運用階梯中心的策略。

⑪ 分層式教學成果

例如：階梯式的產品，產出型的產品。

⑫ 學習合約

例如：和學習者依據學習特性和教學特性，簽訂學習合約。

⑬ 小組教學

依據學生的屬性（或學習成就差異），進行分組小組教學。例如強弱搭配、兩兩練習時，強的學生先，有做示範的功能。

⑭ 團體探究

採用分組合作學習的團體探究方式。

⑮ 分軌研究

依據主題不同，進行研究。

⑯ 獨立研究

進行個別性的獨立研究。

⑰ 4MAT

McCarthy（1983）所提出的4MAT教學系統著重於主動的學習和思考，是一種應用於左右腦運作的教學系統，它被稱做「全腦教學系統」（whole-brain instruction system）。包含了「 結」、「檢視」、「想像」、「傳授」、「練習」、「延伸」、「精煉」、「整合」等八大步驟（林郁如、段曉林，2006）。

⑱ 多元詢問策略

例如：採用多種的問題教學法。

⑲ 興趣中心

例如：上課的分組可以依據學生不同的興趣為主。

⑳ 興趣團體

例如：興趣分組的策略。

㉑ 多元作業

例如：依據不同的學生程度，給予不同的家庭作業。

㉒ 壓縮課程

例如：有些課程必須做濃縮，或是和其他課程合併。

㉓ 多元提示策略

採用多種的概念提示策略。

㉔ 複雜指示

採用多元、多種策略指示教學。

㈣ **如何將個別差異的概念納入教學中**

教師在進行教學設計思考時，應該針對學生的個別差異現象，分析此種差異現象，在教學實施時可能產生的現象，進而在教學活動實施中，考慮學生的個別差異。有關教師如何將個別差異的概念納入教學中，下列幾個要點提供讓教師參考：

1. 瞭解學生的個別差異現象有哪些。

2. 分析這些個別差異可能對教學（或學習）的影響。

3. 釐清這些影響有多深遠？能否透過教學設計修正之。

4. 探討因應個別差異教學設計的相關理論與研究。

5. 將上述的理論與研究納入教學設計考慮中。

6. 擬定因應個別差異的教學策略與方法。

7. 將教學策略與方法付諸教學活動中。

8. 評估教學策略與方法的效果。

9. 修正適應個別差異的教學策略與方法。

10. 修正教師的教學計畫。

11. 形成教師的教學模式。

(五) 個別差異在教學上的想像

1. 個別差異的教學理想

教師在面對學生的個別差異時，如同面對手之五指，從大拇指、食指、中指、無名指到小拇指，每一個都有不同的功能和特徵，不能因為各種因素而有所偏廢，必須給予適當、適切的對待。修指甲時力度要適當，上指甲油時分量需有差異，剪指甲時方向要對，清潔手指時方法要適度。

2. 教學上的改變

適性教學與差異化教學的概念，雖然差異性不大，且都針對學生不同的個別差異而設置。教師在面對個別差異與學生學習需求時，應該思考哪一種策略對教學的成效比較高，或是針對學生的實際需求，做策略與方法的調整，需要教師依據實際的教學情境，做專業上的修正。優質的教師教學活動，應該將個別差異的理念融入教學實施中，使學生可以從教學中獲得最大的成效。教學策略與方法的應用，不再受到「傳統教學框架」的限制，應開展「嶄新教學模式」，將教學奠基於教師對學生學習成效的負責任，以及對教學目標達成的責任感。

三、提供學生希望的適性教學

「教學活動充滿希望，學生才會有所期望」
「教師應該在教學中提供學生成功和自我實現的機會」

　　一般傳統的教室教學，教師必須依據教學進度和學校的規定，進行教學活動。因此，教師的教學活動受限於各種規定，無法自行調整配合每一位學生的實際需要，也無法因應不同學習成就的學生需求。教師在忙碌的教學中，想要變化教學步驟、更新教學步驟，是相當不容易的事。真正好的教學，要能提供學生學習上的希望，讓學生可以對學習活動充滿希望、充滿期望。

㈠教學應該要提供學生更多的希望

　　傳統的學校教室教學，過於偏重學科評量和升學考試。因此，無法提供每一位學生，在學習方面的希望和成就感。大部分的學生，無法從教師教學中得到成長的希望和成就感。教師在教學中，應該提供學生更多的希望，讓每一位學生可以從教師的教學活動中，得到不同的成就感。例如語文能力比較強的學生，可能在數學方面的表現不佳，教師可以強化學生語文方面的表現，讓學生可以在語文的學習上，擁有自我表現的機會。

㈡適性教學的實施要每個學生都成功

　　適性教學的主要意義，在於教師的教學應該要顧及學生的能力、學習興趣和需要，進而做相關的因應與引導。讓每一位學生都可以在教室教學中，得到妥善的照顧，在教學中得到應有的成就感。學生可以從適性教學中，擁有自我實現的機會，獲得學習上的成功經驗。

㈢有效的教學策略

　　適性教學的有效教學策略，主要是希望教師可以在教室教學中，依據學生學習上的需要，將學生的各種特質，融入教學系統的設計中，透過學生以往學習經驗的掌握，以及學習方面的表現，做教學設計上的改變。因

此，有效的教學策略是依據學生的學習經驗，考量學生的學習表現，做教學方案的設計與運用。

㈣ 適性教學的基本原則

適性教學的基本原則，是教師在教學活動中，依據學生的學習情境，在教室中可以控制的範圍內，做教學活動實施方面的權宜措施，權宜地改變各種教學策略，加上教學方法的輔助，以提高學生的學習參與，激發學生對學習的興趣，進而提升學生的學習參與。

㈤ 提供學生希望的適性教學

教師教學活動的進行，應該要以學生的「學習發展」為主，透過以「學生本位」的教學設計，才能提供學生希望的適性教學。教師在提供學生希望的適性教學方面，應該考慮下列幾項重要的原則：

1. 改進教學方法提高學習興趣

教師教學方法的採用，應該要以學生的興趣為主，依據教師對學生學習情形的觀察，隨時改變進行中的教學方法。透過教學方法的改變，可以提高學生的學習專注力，進而提高學習興趣。

2. 安排適當的教學環境

教師在教學環境的安排方面，應該依據學科教學性質與內容，做各種的調整和改變，以具有高度吸引力的內容，吸引學生的學習注意力。透過適當環境的安排，培養學生廣泛的學習興趣。

3. 教材選擇配合學生的程度

雖然，教師在教學活動的進行中，教材的選擇方面無法做到大幅度的改變，然而，教師可以依據實際的需要、視班級學生的需要進行教材方面的改編與選擇，將教材內容調整成為學生可以吸收的程度。

4. 改變教學方法提高學習興趣

教學方法的運用，是教學與學習的主要關鍵。傳統的教師在教學方法的運用上，受限於教科書、教學進度、考試制度、教育制度等，無法充分發揮教學方法的成效。教師可以在班級教學中，依據學科特性與教學內容，採用不同的教學方法，透過教學方法的改變，提高學生的學習興趣。

5. 重視個別化的學習

　　教師在班級教學中，面對各式各樣的學生學習，應該以細膩觀察力，透過文字記錄或是其他方式，記錄學生的學習情形，作為教學設計與教學實施的參考。唯有重視個別化的學習情形，才能隨時調整自己的教學方法與策略，因應每一位學生的學習需要。

㈥適性教學的教學想像

1. 適性教學的理想

　　適性教學的實施，不僅僅是一種教學的科學運用，更是教學藝術的開展。教師在班級教學中，透過適性教學的實施，以測驗、觀察、個案研究等方式，掌握每一位學生的學習情形，作為改變班級教學型態的參考，使每一位學生的能力可以得到充分的發展。讓每一位學生在班級教學中，都可以得到學習上的希望，透過「希望的感受」、「成功經驗」，激發學習上的動機與趨力。

2. 教學上的改變

　　教師在實施適性教學時，可以依據自己的教學信念與學生的學習特性，做教學方法與策略上的改變。例如：

(1)改變對學生的要求標準。

(2)改變對不同學生的期望標準。

(3)提供每一位學生不同的成功機會。

(4)提供學生自我實現的經驗。

(5)針對學生能力給予不同的作業。

(6)持續的給予學生鼓勵。

(7)給予學生學習上的「希望感受」。

(8)告訴學生「進步的地方」、「可以努力之處」。

(9)每天給予學生正向的肯定。

(10) 運用各種激發學習動機的策略。

四、讓學生可以人盡其才的教學

「讓學生感覺自己受到重視是鼓勵的良策」
「讓每一位學生在教室中都感受到被重視」

　　教師想要在教學中，讓學生可以達到人盡其才的地步，就需要從人本心理學的教育主張，瞭解學生在學校生活中的情形。人本心理學強調教育應該以學生為中心，重視學生在學習上的需求，瞭解學生在學習方面的心理特性，透過以學生為本的教育理念的落實，才能達到適應個別差異、因材施教、有教無類、人盡其才的理想。

㈠人本心理學的教育主張

　　人本心理學對教育的觀點，認為應該重視個體的獨特性與個體性，勝於發掘解釋人類反應的一般化原理，以人類本身的情感發展，如自我概念、自我價值、自我實現為主的教育論點。人本心理學的教育主張，簡要說明如下：

1.學生是教育活動的中心

　　學生應該在教育活動中，受到特別的尊重，教育情境的安排，應該以學生的個別發展和身心成長為主要的重心。因此，教材的選擇與教法的運用，均須力求配合學生的能力、經驗、興趣與需要，以促進學生完整人格的健全發展。

2.學習是學生知覺改變的歷程

　　在教育活動進行中，應該以學生目前的知覺為出發點，教師針對學生的自我概念情形，教導學生以積極的態度和實用的方法，達到建設性的改變。當教師不知道如何進行教學活動時，最理想的方式是「反問學生學習想法」，透過師生的雙向教與學互動，修正目前與未來的教學活動。

3.以學生自我發展為行為的動機

　　教師在教育過程中，應該熟悉學生自我發展的傾向，引導學生自動自發追求個人的進步。因此，在教學實施中，教師應該考慮學生的個別差

異現象，針對學生的發展差異，給予適性的發展機會。透過教學活動的實施，可以提供學生適當的發展機會，並且引導學生在教學中得到自我實現和成功的機會。

(二)適性教學的意涵

適性教學的主要意義，是教師在教育過程中，針對學生的身心發展，進行有效的教學與輔導，透過對個別差異和發展上的需求，引導學生在學習活動中進行有意義的學習。因此，教學活動的設計是針對個別學生的需求，進行有效教學活動的設計與實施。在適性教學的環境中，學生不會因為個別性的差異（或是個別落後），而導致學習上的失敗。教師會設法營造適性教育的校園環境，開拓兒童及青少年快樂成長的生活空間，採行人性化的教學與輔導措施，把每個學生當作人才來教育，確信每個學生都有天賦的潛能，經由學習活動可以展現其才華。

(三)人盡其才的教學原則

在人盡其才的教學原則方面，教師可以考慮採用人本心理學對教育的觀點，以及對學習形成的主張，透過下列原則的教學，以達到人盡其才的教學理想：

1.設計適宜的學習環境

教師應該在教學活動實施時，提供學習思考的環境，讓學生可以透過多元思考，展現個別的才華。透過適宜的環境設計，提供學生在學習上的情境，進而提升學習動力。

2.多樣化的教學活動

依據相關的研究指出，唯有多采多姿的學習環境，才能造就多才多藝的學生。因此，教師想要使學生在學習活動中真正受益，應安排理解性、有意義的學習情境，透過環境與學習氣氛的營造，激發學生的學習意願。過於單調的學習環境，無法激起學生的學習慾望，也無法引導學生進行學習上的探索。

3.採用啓發式教學

啓發式教學法的運用，可以針對個別學生給予不同的教學引導。在教

學過程中，教師可以針對不同學生給予有效的教學引導，針對學生不同的學習風格，採用不同的教學方法。

4. 提供學生獨立思考的機會

在教學活動實施中，教師應該依據單元教學目標的特性要求，設計各種問題的情境，讓學生透過問題的思考與解決方式，培養獨立思考的習慣。教師有必要的時候，可以暗示學生探索問題的門徑及思索問題的方向，避免急於告知學生最後的答案。透過獨立思考問題的方式，有助於培養學生人盡其才的理想。

5. 安排合作學習情境

教學活動的實施，教師可以考慮採用不同的分組合作學習方式，讓學生透過分組合作的方式，進行各種單元的學習活動。透過各種合作學習的情境，營造大家一起來的團體動力氣氛，積極鼓勵主動參與，敦促學生多想、多問、多討論、多動手去做，以達到預期的教學目標。

6. 增進學習興趣與效果

想要讓學生在學習活動中，願意投入更多的時間，教師就應該幫助學生進行順利有效的學習活動，從中獲得成功的經驗，如此才能真正體會學習的樂趣。學生從學習活動中得到「成功的經驗」，就會在面對「學習失敗」時，鼓勵自己再試試看。

㈣ 人盡其才的教學想像

1. 人盡其才的教學理想

教師想要在教學活動進行時，讓每一位學生都積極參與教學，就必須在教學活動設計時，想像如何讓學生「積極投入學習」的策略和方法。想要讓學生積極投入教學活動，就應該針對個別差異、個別需求，提供學生在學習方面的「成功經驗」與「零失敗的學習」機會。

2. 教學上的改變

教師的教學可以在原有的基礎上，做各種的改變，透過改變給學生一個不一樣的感受、不一樣的視野，透過改變讓學生感覺到「被需要」。

(1)讓學生每天都有表現的機會。

(2)讓學生的改變要「看得見」。

(3)讓學生的改變要「感受得到」。

(4)讓學生瞭解班級生活中「不可無我」。

(5)讓學生感受到「自己的重要性」。

(6)讓學生明確瞭解「我在班級的重要地位」。

(7)讓學生知道「自己在教師心目中的地位」。

(8)讓學生明白教師的教學「需要學生的協助」。

(9)明確告訴學生「你可以做什麼」。

(10) 讓學生知道「自己的重要性在哪」。

五、讓學生充滿信心的教學

「行為背後有動機，動機背後有信念」
「改變行為要先改變動機，改變動機要先修正信念」

　　傳統的教學活動，由於過於強調統一的標準，一致性的原則，學生在教學中經歷失敗的機會，比得到學習成功的機會低。因此，教師應該要改變傳統的教學方式，勇於改變自己的教學風格，在教學活動中提供每一位學生成功的機會，當學生面對挫折時，宜給予適當的引導，讓學生面對失敗並將失敗的情緒，轉為得到成功的能力。

(一)學習信心來自興趣和成就感

　　教師在進行教學設計時，應該要想辦法讓每一位學生對教學活動充滿信心，帶著輕鬆的情緒進教室。學生的學習信心，往往來自對教學活動的興趣，以及學習過程中的成就感。當學生遇到學習挫折或失敗時，教師應該要立即瞭解學生的問題出現在哪裡？是教師的教學目標過高，或是學生的自我期望過低？透過對學生學習情形的瞭解，改變原先的教學設計，修正預定的教學步調，在教學活動中提供學生學習成功的機會。

㈡讓學生充滿信心的要領在於成功的機會

教師教學活動的進行，除了考量教學目標的達成之外，也應該瞭解教學目標和學生學習目標之間的差距，當學生出現學習挫折時，教師應以良好的情緒影響學生，縮短教學與學習之間的差距，多看學生的優點，少看學生的缺點。當學生出現考試不佳、學習挫折時，教師應該給予充分的諒解與適度的寬容，讓學生瞭解失敗只是正常的現象。教師可以在後續的教學中，降低教學的要求，引導學生運用正確的方法，以達到成功的經驗。例如：在數學的四則運算時，學生如果練習錯誤，教師可以運用「先乘除後加減」的原則，引導學生慢慢熟悉四則運算的方法。

㈢想要提高信心就必須降低挫折的經驗

優質的教學應該要重視學生的個別差異與獨特性，給予學生「人人成功的機會」。教師在進行教學時，要充分掌握該單元教學進行時，學生能「學習成功」與「學習失敗」的各種可能性，並針對學習成功與學習失敗的情形，作各種變通方案的設計。如果教師無法掌握學生學習失敗經驗的現象，就無法在教學活動進行中，隨時掌握每一位學生的學習情形。同時也無法預判學習可能產生的情形，進而精進課堂教學。

㈣讓學生充滿信心的教學方法

教學活動的進行，需要教師深入瞭解學生的學習個別差異，並瞭解此種個別差異對教學的意義。教師想要讓學生充分學習信心，以下的方法可以參考：

1.尊重個別的學習情形

每一位不同的學生，由於不同的學習潛能、個別差異、學習經驗等，反應在學科學習方面，就會出現不同學習成就的現象。教師在教學活動進行時，應該尊重學生個別的學習情形，對於學習成就不佳的學生，應避免給予不當的指責，避免學生產生「習得無助感」的現象。例如：在數學學科的學習方面，當學生表現不佳時，教師應該瞭解學生的問題在哪裡？是粗心大意、計算方法錯誤、學科學習知識不足、學科知識結構問題等。

2. 充分展示自己的能力

優質的教學活動，應該要提供學生充分展示自己能力的機會。透過自己能力的展示，可以提升學生的學習信心，也能瞭解學生學習的問題所在。例如：自然與生活科技領域的實驗教學，可以讓學生有發表自己實驗經驗的機會，透過發表的機會可以瞭解學生的實驗歷程，激發學生的學習興趣，同時能修正學生的迷失概念。

3. 讓學生增強學習信心

想要讓學生增強信心，教師就必須在學生的學習產生錯誤時，給予適當的修正機會，透過修正的過程，引導學生重拾學習信心。透過錯誤的修正，培養學生的學習自主性。引導學生獨立思考、自主選擇、承擔責任，透過上述三個重要步驟，讓學生增強學習自信心。

4. 提供學習表達的機會

傳統的教學活動，過於偏重「教師為主」的教學型態，忽略「學生為主」的教學型態。優質的教師教學活動，宜提供學生學習表達的機會，讓學生將各學科領域的學習成效，透過各種方式表達出來。在學生學習表達的過程中，有助於增進學生的學習信心，並透過學習表達，有助於教師修正學生學習錯誤的機會。

5. 給予修正錯誤的機會

教師應該要讓學生在教學中，有充分表達的機會。允許學生說錯、做錯、講錯，並且讓學生可以修正錯誤、改變自己的說法、改變自己的作法，並且同意學生可以重做多次。學生說錯的地方，允許學生重說一遍；學生做錯的地方，同意學生重做一遍；學生講錯的地方，准予學生再說一遍。教師對於學習困難的學生，要比一般學生更有耐心、更多時間給予關注，引導學生進行修正、改正錯誤。

㈤讓學生充滿信心的教學想像

1. 充滿信心的教學理想

優質的教學活動，不僅教師要提供學生學習信心，學生也可以從教學中，得到更多學習成功的機會，降低學習挫折的現象。凡是學生可以在學

習中可以達成的任務，教師要避免過度涉入或包辦，在班級教學中，學生想要用什麼方法討論問題，用什麼方法學習學科知識，用什麼方法在教學中嘗試，教師都應該要用最大的限度，讓學生滿足這些學習上的需要。

2. 教學上的改變

教師想要在教學中，讓學生充滿信心，可以考慮在教學中，進行方法與模式上的改變。例如：

(1)持續記錄學生「學習失敗」與「學習成功」的現象。

(2)透過學習歷程的紀錄，瞭解學生的「學習成功點」與「學習失敗點」。

(3)提供學生各種自我學習表現的機會。

(4)透過自我表現引導學生進行學習探索。

(5)開展「我瞭解我自己的學習活動」。

(6)提供學生「充分表達的機會」。

(7)經常說「講錯沒關係，你可以再來一遍」話語。

(8)教師應勇於承認教學上的失敗。

(9)同樣的概念可以多講幾遍。

(10) 掌握學生的「信心點」和「成功點」。

六、運用學生感興趣的主題教學

「有興趣才願意投入，有興趣才願意改變」

「有興趣才願意參與，有興趣才願意融入」

教師教學活動的進行，想要提高學生的學習參與，就要從學生的學習興趣著手。傳統的教學，由於教學進度的壓力、課本內容的統一化、教學內外在壓力的關係，教師無法在教學中將學生感興趣的主題，融入教學設計與教學實施中。

㈠主題教學的意義和內涵

主題教學的主要意義是教師在進行教學前，在符合領域節數的原則之下，學習學科領域界限，彈性調整學科及學習節數，實施大單元教學或統整主題式的教學。主題教學的運用，主要是基於對學生學習興趣的重視，以及教師希望可以提供學生統整且系統的概念。教師需要進行主題教學的主要原因，包括：1.提供良好的學習環境；2.提供學生團隊合作的學習經驗；3.提供符合人類智能的學習機會等。最主要的重點，在於透過學生感興趣的主題，進行教學活動能激發學生的學習興趣，提高學生的學習參與。

㈡主題教學的實施模式

教師在運用主題教學時，可以考慮下列模式：

1. 決定參與人員

主題教學的參與人員，包括個別教師、教師小組、教職員、校內外人士等，教師可以依據實際教學上的需要，決定主題教學的參與人員。

2. 擬定教學時程

主題教學的時程包括一次性的活動、短期計畫、中期計畫、長期計畫等，教師在進行教學設計時，可以參考單元教學的內容與教學進度上的需要，決定教學時程要採用哪一種方式。

3. 決定教材來源

教材來源的決定，通常包括選用教材、調整教材、改編教材、創造教材等四個步驟，教師可以依據學生的興趣和教學上的需要，來決定教材的方式。

4. 選擇統整方式

主題教學的統整方式，一般包括學科領域內的統整、跨學科領域內統整、活動經驗統整、主題概念的統整等，教師可以依據實際上的需要，決定主題教學的統整是要採用哪一種方式。

5. 實施教學評鑑

主題統整教學的最後一個步驟，就是教學評鑑活動，透過教學評量的

實施，讓教師瞭解主題教學的實施成效，透過教學評鑑作爲修正教學活動計畫參考，並且形成新的教學方案。

(三)主題教學的實施步驟

教師在進行主題教學時，一般都會參考下列的步驟：

1.蒐集教學資料

教學資料的蒐集，首先要依據教學目標，並參考學生的學習興趣。教學資源的蒐集，教師應該將生活事件、生活經驗等要素，納入教學資料的規劃設計中，使教學活動的實施，可以結合生活經驗。

2.發展設計理念

蒐集教學資料之後，接下來就是發展教學設計理念，透過設計理念的落實，決定教學活動進行的原理原則、步驟、教材的篩選等。主題教學的進行，教師的設計理念是相當重要的，除了要顧及主題單元的目標之外，也應重視主題教學的特性，並顧及學生的學習經驗。

3.決定教學主題

教學主題的決定，教師通常會考慮主題目標、學生的能力指標等，透過這些要素的考慮，決定接下來要進行的教學主題。

4.編寫教學計畫

教學計畫的編寫，通常會在決定教學主題之後，透過對教學目標分析，學生能力指標方面的歸類，結合學科領域的教學目標，將影響教學的各種要素，納入教師的教學設計當中。

5.實際教學活動

當教學計畫完成之後，接下來就是進行實際的教學活動，透過教學活動的實施，可以提供教師在主題教學設計與實施成效的參考，並且作爲修正教學計畫的參考。

6.教學反思回饋

教學反思與回饋，是教師作爲改進教學的參考，透過教學反思活動，能提供教師在教學方面的專業思考，並透過學生的回饋，瞭解哪些是需要調整的，哪些是需要保留的，哪些是需要再修正的。

㈣學生感興趣的主題教學如何運用

教師如果可以運用學生感興趣的主題，進行統整主題教學活動，可以提升學生在學習方面的興趣，透過完整概念的學習、統整知識的學習，可以降低對學科學習的焦慮。教師在學生感興趣的主題教學方面，宜考慮下列要素：

1. 重視生活問題的解決。
2. 將生活經驗納入教學中。
3. 提供立即性成功的學習機會。
4. 提供學生自由選擇的機會。
5. 培養解決問題的能力。

㈤主題教學的想像

1. 主題教學的理想

主題教學並非解決學生學習興趣和學習參與的萬靈丹，但主題統整教學的實施，可以點燃學生「再學習的火花」，透過主題學習的方式，可以引導學生解決生活上的各種問題，累積有效且實用的生活經驗，讓學生在教學活動中，擁有各式各樣的成功機會，透過主題統整的學習，能找回「學習的自信心」。

2. 教學上的改變

教師教學活動的進行，要能掌握主題的系統性和一貫性，學生才能從中學到統整性的知識，才能在知識的運用上下連貫、左右聯繫。教師在主題教學的實施方面，可以考慮作下列的改變：

(1)針對不同領域學科進行主題教學上的設計。

(2)透過教科書提供的知識進行主題設計。

(3)在每一單元結束之後，要求學生進行主題資料的蒐集和分享。

(4)一學期中至少有二次主題學習成果的分享機會。

(5)在學生分享主題學習成果之後，給予正向的回饋。

(6)透過主題學習結合學科領域的學習評量。

(7)引導學生進行主題學習歷程檔案的建立。

(8)在學期結束前利用機會讓學生分享主題學習。

(9)請學生分享主題學習的「亮點」。

(10) 進行主題學習同儕分享與觀摩。

七、強化學習動機的教學

「動機強弱是主動學習與否的要素」
「學習動機是開啟學習興趣的關鍵」

學習動機是激起學習興趣與學習參與的重要關鍵，透過學習動機的瞭解與掌握，提供教師對於學生學習內在心理狀況的理解，透過各種激發學習動機策略的應用，可以提升學生在學習方面的興趣。

㈠學習動機是開啟學習興趣之鑰

教師的教學活動，想要激發學生的學習興趣，就必須從學生的學習興趣著手。缺乏對學習動機的瞭解，教師的教學活動就缺乏激勵因素。學習動機的強弱，影響學生決定用多少的參與在教學活動中，同時決定學生用多少時間、專注力在教學中。

㈡學習動機的主要內涵

在學習動機方面，以學習語言為例，包括：1.工具性動機（instrumental motivation）與融合性動機（integrative motivation）；2.內在動機（intrinsic motivation）與外在動機（extrinsic motivation）；3.普遍型學習動機（general motivation to learn）與偏重型學習動機（specific motivation to learn）；4.原級動機（primary motivation）與次級動機（secondary motivation）。

1.工具性動機與融合性動機

工具性動機指的是學習語言的目的是為了獲得利益價值，例如求得職業、升官、賺錢、在學校考試得高分等；而融合性動機則指學習者學習語言的目的是渴望成為所學語言團體的一分子，希望被使用此語言的人接納

與認同，學習者通常會對使用該語言的國家的政治經濟、文化風俗較感興趣（吳美齡，2006）。

2. 內在動機與外在動機

此種分類是由Dcei與Ryan提出，內在動機是所有動機中，自主性最強的，它指的是個人內在驅力，如個人興趣、滿足，而迫使個體表現各種活動，具有此類學習動機的學習者的學習會較長久；外在動機指外在事物具有誘因，個體認為從事各種活動能夠獲得某些他希望得到的事物，如讚賞、獎狀等獎勵方式，若外在誘因消失時，學習者的學習動機可能減弱甚至消失（吳佩錦，2010）。

3. 普遍型學習動機與偏重型學習動機

擁有普遍型學習動機的學習者對於所有的學習活動都有學習動機；擁有偏重型學習動機的學習者則只對某些學科有學習動機（張春興，1994）。

4. 原級動機與次級動機

原級動機即為內在學習目的而學，例如求知、成長；次級動機即為外在表現目的而學，例如求高分、得到讚許（吳佩錦，2010）。

(三) 強調學習動機的教學

學習動機的主要意義，在於學習者內在的學習驅力。例如：學生喜歡數學的原因是哪些？不喜歡數學的原因有哪些？透過對學生學科學習的投入情形，瞭解學生對該學科的情感，決定學生對學科的投入情形，以及投入的程度。教師在教學活動進行時，應該要針對學生的學習動機，做各種教學方法與策略的選擇，激發學生的學習動機，進而提升教學成效。教師想要激發學生的學習動機，可以考慮下列策略：

1. 提供學生學習的高峰經驗。
2. 運用觀察與模仿效果。
3. 陳述明確有意義的學習目標。
4. 規劃有效的學習環境。
5. 建立重視學習而非競爭的教室氣氛。

6. 設計並規劃適性的學習活動。

7. 提供外在的學習誘因和增強物。

8. 學習結束之後給予各種回饋。

㈣ 激發學習動機的教學想像

1. 激發學習動機的教學理想

教學活動的進行，教師應該運用各種策略，使教學活動進行順利，學生願意積極投入教學中，將教學活動的各項任務，視為自己成長中必須歷經的階段。教師想要學生積極投入學習中，就要從學生「內在心理」出發，瞭解學生對學習的觀點，針對學生的內在心理，激發學習上的情感，使教學活動能迎合學生的學習心理。

2. 教學上的改變

每個教師都希望自己的學生，在學習動機方面是強烈的，在教室的學習中是充滿學習慾望的。可是，教師在進行教學設計與實施階段，卻很少利用時間思考學生的學習動機問題，或是運用有效的激發學習動機策略，幫助學生提升學習上的慾望。

(1)在學生的學習歷程檔案中，標記學習動機的情形。

(2)將激發學生學習動機的策略融入教學設計中。

(3)在教學中嘗試使用激發學習動機的策略，並且記錄實施成效。

(4)瞭解學生缺乏學習動機的主要原因。

(5)針對缺乏學習動機的各類型原因，進行改善策略與方法的設計。

(6)經常性的改變教學步驟，作為提升學習動機的前置作業。

(7)針對不同的學生，使用不同激發學習動機的策略。

(8)利用機會和學生分享「對學習的觀點」，瞭解學生的內在心理。

(9)運用「說出思想」（thinking aloud）方法，瞭解學生的心智生活。

(10) 培養學生對學科學習的情感。

八、教與學相互轉換的關鍵能力

「教與學要能經常地對話與驗證」
「教與學的知識要能應用與運用」

　　教師教學與學生學習相互轉換的關鍵能力，影響教學活動的進行與學習品質的提升。教師想要教學活動進行順利，必須重視「教」與「學」相互轉換關鍵能力的培養。如果教師的教學忽略學生的學習，或是單從教學角度進行設計，忽略學習的角度，則容易失之偏頗。

(一)教學社群的運用

　　教師教學活動的進行，除了熟練地運用教學理論方法之外，也應該和同儕進行教學觀摩工作，相互分享教學心得、分享教學技巧，建立教學分享社群，並從社群中相互分享、相互學習。傳統的教師教學，所扮演的角色是知識的傳遞者，新時代的教師角色應該扮演知識的生產者。因此，教師彼此的教學分享、教學視導、教學交流，就變得很重要。

(二)合作學習技巧的運用

　　合作學習是一種分組教學模組設計，透過對學生不同學習成就的掌握，以各種特質的學生，作為學習分組的基礎。利用小組成員間的分工合作，共同利用資源、相互支援，進行學習以達成學習目標。合作學習的技巧，在於透過學習分組、學習分享、學習指導、學習互動、學習共享的方式，提升自己與同儕的學習成果，以達到預期的學習目標。

(三)教與學相互轉換的能力

　　在教與學相互轉換能力的培養方面，教師應該依據傳統教學方法的應用，結合單元（或課程）所學的知識，引導學生運用知識進行問題的解決。有關教與學相互轉換能力的培養，可以考慮下列步驟的進行：

1. 教師提示各類問題或設計問題的情境。
2. 教師指導學生面對各種問題情境。

3. 教師指導學生問題的歸屬權和問題的情境脈絡。

4. 教師協助學生將問題結構化、明確化。

5. 教師指導學生運用課堂所學，確定問題目標和假設。

6. 教師指導學生運用單元所學，蒐集解決問題資料。

7. 教師指導學生提出不同的解決問題見解。

8. 教師要求學生提出解決問題策略。

9. 進行結論。

10.形成教學模式。

㈣ 教師進行教與學轉換

教師在進行教與學轉換時，必須同時顧及教學上的需要，以及學習上的特性。在教與學的轉換方面，教師可以考慮下列原理原則的應用：

1. 分析教學目標與學習目標的關聯性。

2. 分析教學目標與學習目標的行為能力指標。

3. 依據教學目標與學習目標進行問題情境的設計。

4. 指導學生分析問題情境。

5. 針對問題情境指導學生從教學活動中擬定解決策略。

6. 請學生針對問題情境設計解決策略。

7. 教師指導學生進行解決問題策略的分析。

8. 進行結論。

㈤ 教與學相互轉換的教學想像

1.教與學相互轉化的教學理想

傳統的教學活動，過於偏重知識的傳授與課本內容的教導，忽略教科書知識與實際生活的相互對照與印證。因此，教師教學活動的進行和學生學習活動的進行，幾乎成為車的雙軌，而沒有交集的的機會。教與學的相互轉換能力，是教師在教學活動進行時，需要隨時注意的關鍵。忽略了教與學的相互轉換，學生從課本上學到的知識，就無法和生活結合，落實在生活中。例如：教師教導滅火器的功能和使用，如果不讓學生有實際練習的機會，哪怕教師教了幾十遍的滅火器使用要領，一有火警發生時，學生

仍舊不知道如何使用滅火器。

優質的教學活動，應該要重視教與學相互轉換的關鍵能力，透過能力的培養，可以提供學生多重的學習管道，使課堂上的學習和教師的教學結合，成爲理論與實際的模式，並落實到實際的生活經驗中。

2. 教學上的改變

教師的學科領域教學，應該要經常審視「教與學相互轉換」的問題。具體而言，學生從課本上面學到的知識，是否可以轉換成生活上實用的知識，學生從教師教學中所學到的概念，是否可以實際應用在生活經驗中。如果教與學無法相互轉換的話，學生所學到的知識容易成爲「形式知識」而非「實質知識」。

(1)教師要常常審視課本知識的轉化問題。

(2)教師應探討教學知識的內容和生活緊密結合的問題。

(3)教導學科知識時，要能舉生活上的經驗或例子加以應用。

(4)教導學科知識時，要能舉生活上的經驗或例子加以驗證。

(5)引導學生在生活中尋找課本知識的例子。

(6)引導學生將課本內提到的知識，從生活中驗證（或舉例）。

(7)指導學生將課本知識作形式上與實質上的分類。

(8)經常性的請學生說明課本知識的應用情形。

(9)單元教學結束後，請學生將課本知識與生活經驗做系統的紀錄。

(10) 請學生說明課本知識的應用情形，教師並給予適當的回饋。

第二章

有效教學的
藝術與想像

　　有效教學和教學效能、效能教學等概念是大同小異，主要的意義是指教師如何有效教學，使學生在學習上成功、學習上展現出優良的表現，以追求最好的教學活動實施、課程與教學實施、教學評量實施成效，塑造良好的班級氣氛，進行教室成功的學習與有效的教學，來達到預定的教育目標。

　　為了引導教師在教學中，透過教學技術與策略的運用，達成高效能的教學目標。本章針對有效教學的藝術與想像議題，在內容方面包括有效教學的意涵與應用、高效能教師的教學、教材教法是教學效能的關鍵、運用不同型態的教學、透過讚美成就每一位學生成功、設計與生活有關的教材、教學要教「學習策略」、強化學生的自律性動機等單元，將有效教學的科學與藝術、策略與方法，做重點式的分析講解，提供教師在有效教學方面的指引，希望每一位教師在教學中，都能具備有效教學的知能，將相關的技巧與要領，融入班級教學中，讓自己成為「教學高手」，學生成為「學習高手」。

一、有效教學的意涵與應用

㈠有效教學的意義

一般有效教學的意義，大部分包括下列幾個重要的內容：

1. 有效教學必須合規範性

有效教學是指教師在教學歷程中，能合認知性、合價值性、自願性等規準，並且能充分發揮傳道、授業、解惑的功能。

2. 有效教學必須有明確性

有效教學是指教師在教學歷程中，教學活動有系統、符合邏輯性、講述內容和目標清楚明確。教師能有效地應用教學的心理學原理，產生有效的教學，引導學生獲得有效的學習，進而達成預定的教學目標。

3. 有效教學必須是多樣性

有效的教學為必須符合教學活動本身的特性，以多樣性的活動和經驗呈現，並達成預期的教學目標。教師在教學歷程中，使用的教學活動、教學方法和教學內容應該富變化以及多采多姿。

4. 有效教學必須提升學習成功的比率

教學的最終目的是提升學習者的學習成就，並達成預定的教育目標。有效的教學是教師運用各種技術，如有效地教導教材的知識、有效地師生溝通、良好的教材組織能力、有效激勵學習動機的能力、和藹可親的態度、良好的教室管理技巧等。

5. 有效教學必須是全心投入的

有效的教學是教師在教學歷程中，能適時地掌握教學的各種因素如提示、參與、修正回饋、增強的教學效果大小。在從事教學工作時，能設定一些教學改進目標、實施檢討與反省、再實施等過程，以加強本身的教學能力。

6. 有效教學必須是任務取向的

有效教學是教師在教學的過程中，重視教學績效責任制，講求教學方法，熟悉各類教材，激勵關懷學生並追求教學的成效。在教學歷程中，教師的教學努力認真，關心並引導達成預期的學習目標。

(二)有效教學的內涵

一般而言，有效教學的內涵包括教學前、中、後及教學相關因素的掌握等。

1. 教學前的思考與決定

指教師在教學前所從事的各項與教學有關的活動，包括教學的前導活動，教學計畫的擬定，對教材與教學活動的熟悉，各種教學流程的安排，如何計畫教學？教學計畫有哪些形式？從事哪些型態的計畫？思考的層面及依據何種模式或程序進行計畫活動？等等。

2. 教學中的思考與決定

包括將教學計畫落實，說明教學單元目標，系統呈現教材，提供學生各種練習的機會和精熟的策略，運用多元教學策略，引起動機並集中學生的注意力，運用各種教學方法及媒體，掌握發問技巧等使教學活動達到預期的效果。

3.教學後的思考與決定

指教師在教學結束後的反省思考活動，包括適度評量學生的學習成就，給予合理的期待並獎勵學習進步。效能教師在教學結束後，透過反省檢討教學的得失並修正實際的教學活動。

4.教學策略的運用

指教師在教學歷程中，有效地運用各種策略增進教學效果及學生的學習成效。如增加學生的學習參與、教學過程流暢有效率、教學富結構及邏輯性、教學內容適度地轉化、重視學生的個別差異並加以因應。

5.班級經營策略

指教師在教室生活中，有效地訂定各種常規、建立一套有制度的規則、有效地監控座位中的活動、提高學生的學習參與感、運用學科教學時間、隨機轉換各種教學技巧、連結新概念與舊經驗、轉化具體活動為抽象活動等。

㈢有效教學的特徵

1.有效教學的特性

從相關的文獻中得知，有效教學的高低會影響教師對教學目標的設定、教學活動的選擇、班級經營的方法、教學評量的方式、學生成就的期望、教師對教學的責任與付出，以及面對困難情境、挫折時能堅持的程度等。

2.從相關研究論有效教學的特性

教師教學效能高低之差別，在於教師對於期能影響學生改變之期望高低，也就是說，高效能教師對自身及學生的肯定及期望都比較積極而有信心，願意提供學生更多的學習機會；相對的，低效能教師對教學工作及學生均抱持著消極的態度，與學生保持較大的距離而多挫折感，無法在教學歷程中發揮專業方面的知能。

3.綜合論述

教師教學效能的高低影響教師對自身教學的知覺外，同時影響對教學目標的設定、教學活動的選擇、班級經營的方法、教學評量的方法、學生

成就的期望、教師對教學的責任與付出，及面對困難情境時是否採取專業
知能加以因應。

（四）有效教學的功能

有效教學的研究與討論具有相當多方面的功能，簡要說明論述如下：

1. 有效教學是評鑑教學成效的參考

教學效能內涵的探討，有助於瞭解教學效能所囊括的重要層面及其相
關因素，對教師教學品質的分析與評鑑具有重要的啟示作用，從教學效能
的建立，透過評量工具的發展，作為教師教學成效評鑑的參考。

2. 有效教學是教師對自我教學能力信念的依據

教學效能高的教師，對自己的教學深具信心，相信本身有能力負起教
師應有的責任，對複雜的教學情境擁有變通方案，全心全意投入教學，容
易獲得教學上的成功。

3. 有效教學是教師自我實現需求的滿足

高效能的教師對學習者懷有較高的期望和責任感，且能積極參與各類
學校的活動。教師在參與各類活動時，來自於內在的驅力和動機，使得教
師不斷充分發揮自我的潛能。

4. 有效教學是對教育價值的肯定

教學效能高的教師本身認定自己所從事的教學工作是一種「價值性
高」的工作，將教學工作認定為教育生活的全部，對教學計畫、教學內容
和教學效果，抱持期待的信念，以努力不懈的態度，認真地教學，教學效
果比一般教師佳。

5. 有效教學是教師影響學生學習成就的原動力

教學效能是教師影響學生成就的原動力，不僅是教師對自身教學的自
我知覺，同時是決定學生成就的重要動力。因為教師教學效能是指教師對
於教學是否能增進學生學習成就的一種知覺，也是對自身教學是否能夠引
導學生成功學習的專業判斷。

6. 有效教學是導引教師知覺到實際表現的中介變項

有效教學是教師對自己教學能力的知覺與信念，此種知覺與信念影

響教師的教學行為取向。教學效能是一種教師對自身教學活動的知覺與期待，同時影響教師對學生學習的歸因。

7. 有效教學是鼓勵教師積極教學的動力

有效教學提供教師實際教學行為的目的感，使教師營造適當的學習情境，教師對教學所持有的信念和知覺，對教學效果有決定性的影響，使教師的教學活動更活絡。

8. 有效教學是穩定學校發展的功能

有效教學是學校教育重要的一環，同時是達成教育目標的重要策略，有效教學對學校的發展，具有穩定性的功能。教師效能與學校效能之間的關係極為密切，一所學校要提高其教育績效，必須先從教師教學績效著手，才是根本之道。

㈤ 有效教學的研究取向

依據相關的文獻歸納（林進材，2002），一般分成六個主要的研究取向，簡要說明如下：

1. 教師有效教學的研究取向

教師有效教學研究的取向，重點在於探究教師自我效能高低與學習成就之間的關係，指出高效能教師必備的條件。從研究發展中得知，教師教學效能的高低影響學生學習成就，教師在教學歷程中，應該透過各種專業知能的發揮，提高教師教學效能，藉以提升學習者的學習態度與成就。

2. 教師教材組織與運用的研究取向

教師教材組織與運用的研究發展，重點在於探究教師在教材組織與呈現方面，對學生學習的影響。研究歸納得知，教師在教材組織與運用方面的行為，影響學習者在學習上的表現。

3. 教師教學技術的研究取向

教師教學技術的研究取向，指出有效能教師在教學歷程中，能運用教學的科學精神與方法，激發學習者的學習動機，重視學習者的基本能力與學習特質，有效地增進學習效果，並達到預定的教學目標。

4.學習時間運用的研究取向

學習時間運用的研究取向，重點在於探討在教學歷程中，時間因素對教師教學效能的影響程度，包括教師在教學時間的分配情形，以及學生在學習方面的時間因素。

5.師生關係建立的研究取向

師生關係建立的研究取向，重點在於探討教師期望與學生學習成果之間的關係，及其影響程度。研究內容包括教師教學方式與學生成就、教師期望與學生成就、教師行為表現與學生成就的關係。

6.班級氣氛營造的研究取向

班級氣氛營造的研究取向，重點在於探討不同班級氣氛對學生學習的影響。高效能教師在班級生活中，善於營造各種有助於學習氣氛，讓學生在各種班級氣氛中，激發學習的動機，增進對學習的內在驅力。

二、高效能教師的教學

「教學效能的關鍵在於教師的專業能力」
「教學效能的優劣在於學生的學習成效」

教學活動的進行，無法用固定的標準，衡量其高低效能或品質的良窳。但是，可以透過教師教學行為本身的觀察，描繪出教師教學效能的高低標準。有關教師教學效能的高低，可以參考下列幾項指標：

㈠高效能的教師教學

教師想要瞭解自己的教學行為，屬於高效能或低效能的教學，可以參考下列授課清晰指標（郝永威等人，2011）：

表1 高效能教師的授課清晰指標

授課清晰（有效教學的教學行為）	教學策略實例
1. 事先讓學生知道教學目標（如：敘述何種行為會被考核或出現在考試或未來的作業中）	準備好與理想的複雜程度相配之課程行為目標。在課程一開始便告訴學生，該行為在未來會以何種方式出現。
2. 提供學生一些內容組織技巧（如：將授課內容呈現在過去或未來要學的學習內容間）	查閱或準備一單元計畫時，確定在學習該單元之前，哪些先前的學習是這個單元課程所必備，以及該先前的學習對這個單元課程具何種代表性。開始授予該單元課程之前，務必讓學生知道該單元課程只是整個大課程教材的一小部分而已。
3. 開始授課之前，檢查學生對學習相關的先前學習內容，瞭解的程度有多少（如：確定學生相關內容瞭解的程度，必要時重新講授）	一開始上課時，問學生問題或定期檢查學生作業，以確定學生是否具備學習之前的相關知識。
4. 緩慢並清楚地指導學生（如：必要時重複指導內容，或將指導內容細分成數小部分，以方便學生理解）	將冗長的作業以逐步循序的方式，組織其程序步驟。
5. 知道學生能力程度，並以學生的理解程度或略高於學生能理解的程度來講授內容（如：知道學生注意力維持的長短度）	依據標準化測驗，以往的作業及個人興趣來決定學生能力程度，以重新確立教學目標。
6. 使用實例、圖解以及示範來解釋及澄清概念（如：使用視覺輔助器材來幫助解釋及強化重點）	重述重點，其敘述方式至少一次以不同於先前講授時所使用的方式進行（如視覺對聽覺）。
7. 在每節課結尾前，提供複習或重點總結	使用關鍵抽象詞，反覆背誦或符號象徵，來幫助學生有效記憶內容。

　　教師想要提升教學效能，應該參考上述有關有效教學的參考指標和策略，並且在教學活動中靈活地運用，才能在班級教學中，提升教學效能並激發學生的學習參與。上表中提到的高效能教師的授課指標，包括明確的教學目標、提供學生課程內容的組織技巧、掌握學生在學習上的先前概念、瞭解學生的學習程度、運用實際的例子幫助學生學習、在課程結束前提供學習的重點等。

(二)多樣化的教學指標

　　高效能教師教學行為的另一種指標，可以參考下列多樣化的教學指

標（郝永威等人，2011），透過多樣化教學指標與教學策略實例的相互運用，教師可以在不同的教學階段，運用多樣的教學策略，提升教師的教學效能。從下表不難看出，教師的教學策略與方法，要能經常性的改變、使用多樣化的方法、變化各種課程呈現的方式等，才能讓教學活動富於變化、富於彈性，才能讓學生真正在學習中受惠。

表2　多樣化的教學指標

教學多樣化（有效教師……）	教學策略實例
1.使用吸引注意力的技巧（如：以挑戰性的問題、視覺刺激或實例開始授課）	以活動方式開始一堂課，而該活動不宜同於前一堂課或前一個活動。
2.透過目光交會、語氣及手勢的變化表現熱忱與活力（如：改變音調與音量，在轉移到新活動的過程中四處走動，不固定站立某處）	在有規律的時間間隔中變化位置（如：每10分鐘）。改變說話速度或音量，以彰顯講授內容或課程活動發生變化。
3.變化課程內容呈現的方式（如：講課、提問題、提供自修時間）	事先建立每個活動的順序，而其活動可以看、聽及做的方式，作週期性循環。
4.混合使用獎勵與強化刺激行為的方式（如：加分、口頭獎勵、自修等（每週、每月）	建立獎勵及口頭稱讚術語清單，隨機式選擇使用。於提供稱讚術語時，同時提供其獎勵原因。
5.將學生意見或參與，融入教學某些方面（如：使用間接教學或發散性問題（每週、每月）	偶而使用學生的意見來開始教學（如：「如果……你會怎麼做？」）。
6.變化問題種類（如：發散性問題、聚合性問題（每週），以及試探（如：澄清、探詢、重新調整（每日））	使問題匹配於課程目標產生的學生行為及課程目標複雜性。依據單元目標，變化課程目標的複雜性。

(三)高效能的教學想像
1.高效能的教學理想

高效能的教師教學，可以從教師教學活動實施過程中，提供教師各種達成高效能的策略，使教師可以瞭解高效能的標準，以及教學策略上的運用。透過高效能的教學想像，有助於教師在教學活動中，達成預期的教學目標，避免因為各種內外在因素的關係，導致教師教學上的失敗，進而形

成教學上的倦怠現象。每個在教學現場的教師，都可以透過經驗的累積，教學效能的學習與訓練，將自己的教學活動循著高效能的標準發展，以達到高效能的教學目標。

2. 教學上的改變

教師想要達到高效能的教學理想，應該針對上文提到的高效能的教學指標、多樣化的教學指標等，進行教學上的改變。在教學活動實施前、中、後，針對教學效能的指標進行「教學反省」，並針對反省活動作教學上的改變。有關高效能的教師教學改變，提供下列方法讓教師作為參考：

(1)例行性地透過「教學效能指標問卷」做教學上的反省。

(2)教學一開始就告訴學生「教學目標」。

(3)提供學生單元教學的學習要領與技巧。

(4)瞭解學生的學習先前概念、舊經驗等方面的學習情形。

(5)掌握學生可能在單元教學中遭遇的問題。

(6)以學生可以理解的方式進行教學活動，並反問學生理解情形。

(7)使用實例、圖解以及示範來解釋及澄清概念。

(8)運用多樣化的教學策略與方法。

(9)針對學科領域單元知識內容，擬定高效能的學習策略提供給學生。

(10)經常性評估「教學成效」與「學習成效」。

三、教材教法是教學效能的關鍵

「教材教法是教學的主要關鍵，教師要能熟悉教材教法」
「缺乏對教材教法的專業認知，容易導致教學活動混亂」

教師教學效能的開展，除了教師教學行為的改變、班級教學設計的更新，更為重要的是教師對於教材教法的瞭解與運用，有關教師教學效能的研究指出，在教學理論與方法的運用，教學策略與教學技巧的使用之外，教師如何熟練地運用教材教法，是達成教學效能的重要關鍵（林進材，2006）。

㈠ 教材教法的教學運用

新世紀的教師教學活動，面臨多元化、現代化、專業化、資訊化等全方位的挑戰與衝擊，同時也影響學校教育的發展與應用。教師應該要能隨時針對各種外界環境，改變自己的教學模式，充實自身的教學素養，才能在發展快速的時代裡，達成高效能的教學期望。

教材教法的良窳攸關著學校教育目標、學校教學活動的成敗，更是影響學校教師教學效能的主要關鍵因素。教師要能有效地運用各種教材教法，透過教材教法的運用，達成因材施教、教學相長的理想。如果教師以傳統的觀點，面對現有的教材教法，僵化地運用本身所學的專業知識與專業知能，缺乏對教材教法靈活運用的敏感度，則容易使自己的教學活動過於僵化，學生的學習成效無法達成預期的目標。

㈡ 教師教學新文化議題

教師教學新文化發展，主要的重點在於應該重新審視領域學科知識系統的重心，從學生的學習需要出發，瞭解學生在學習中可能遇到的問題，並配合新課程結構的驗證，作為修正教材教法的參考。教師教學的新文化，重視教師對自身教學活動及教學對象的洞悉能力，同時也應該針對教學活動，進行下列問題的思考與原則的落實：

1. 我所教學的知識有哪些，這些知識都在我的教學中落實了嗎？
2. 我所教學的知識落實了哪些？為什麼有些無法落實？
3. 我的學生在教學中需要哪些知識？我教了哪些知識給學生？
4. 在現有的教材中呈現了哪些知識？這些我都能在教學中實現嗎？
5. 在現有的教法中，能夠讓我將學生需要的知識在教學中呈現嗎？
6. 如何將現有的教材教法做適當的篩選，以最適合學生的方式呈現？

㈢ 教師對教材教法的運用

教師在教學活動進行時，面對各種教材教法的運用，應該以實際教學上的需要，以及學生學習上的特性，作各種專業上的改變，才能提升教師的教學效能。有關教師面對教材教法時，運用的各種可能性，略以說明如下：

1. 教材是可以改變的

傳統的班級教學，教師採用的教材都是固定的，經過事先選擇（例如版本）、討論之後而採用的。因此，常常會有教材固定了教師的教學法之現象，使教師的教學無法靈活進行，學生的學習受到相當程度的僵化。教師應該要瞭解，教材本身只是幫助教師瞭解，所要教學的知識系統有哪些？單元教學活動是希望學生可以達到哪些基本能力。教師在面對教材時，可以依據自身的教學經驗以及學生學習上的需要，作微幅的修正或調整，透過調整的手續使教材更為靈活，符合教師教學上的需要。

2. 教材是可以改編的

教材的內容呈現的是知識的形式，並非固定的知識系統。因此，教師在教學前的教學設計階段，可以針對教學目標結合實際的教學活動，將教材進行改編，以符合教師和學生的需要。

3. 教法是可以修正的

教法是教師教學使用的策略（或方法），它不是固定的或僵化的。不同的教法，可能達成不同的目標。在教學活動進行時，教師可以依據現場教學需要，修正自身採用的教學方法。例如：自然與生活領域的實驗教學，如果實驗器材欠缺時，教師可以由實驗教學法改用觀察教學法。

4. 教法是可以相互運用的

不同的教學方法，配合不同的學科知識。不同的教學方法之間，具有相當程度的互補關係。教師在教學活動進行時，不宜固定在某一特定的教學方法，可以依據實際上的需要，作各種教學方法的相互運用。

5. 教材教法是可以靈活使用的

教師在進行教學設計與教學活動時，在教材教法方面可以靈活運用，避免固定於某一特定教材教法，使教學活動失去靈活與多樣化。教師應該透過教學經驗的累積，配合教材教法的運用，隨時修正自己的教學模式，改變教學活動的認知，提供學生更多元、更豐富的教學活動。

㈣教材教法方面的教學想像

1. 教材教法的教學理想

現代化的教師不要過度依賴教材，不要害怕改變教材，不要害怕修正教材，唯有在教材教法方面，勇於挑戰現有，勇於修正教材，勇於改變，才能使教學更富彈性。優質的教學活動，需要教師本身豐富的教學經驗，也需要教師在教材教法方面的觀念改變，透過教材教法認知與經驗方面的更迭，提供學生更為多元的學習機會。唯有教師在教材教法方面的改變，才能配合教學效能的提升，使教學活動的進行，更為多采多姿，讓每個學生可以從教學中得到成功的經驗，擁有學習自我實現的機會。

2. 教學上的改變

教師的教學不要害怕改變，不用擔心改變帶來的各種後遺症，在更新傳統教學時，教師可以依據實際的需要和教學現況，作下列的教學改變：

(1)教師可以在傳統的教學中，加入新的教學元素和改變。

(2)教師宜將教學新文化納入教學活動和模式中。

(3)教師要經常性的檢討教學中，哪些知識是最重要的。

(4)教給學生的知識是否能實際運用在日常生活中。

(5)教師不應該過度依賴教科書（或教材），應該做適度的改變。

(6)教師應瞭解只要透過改變能幫助學生學習，就要勇於改變教學。

(7)教師宜針對教學情境，運用不同的教學型態並評估其成效。

(8)當教師發覺教學活動成效不佳時，要能勇於改變。

(9)改變教材教法不能影響教學進度。

(10)教師應將現有的教材教法做適當的篩選，以適合學生的方式呈現。

四、運用不同型態的教學

「改變教學型態才能改變教學成效」

「彈性教學型態才能提升教學效能」

教師教學活動的進行，在型態方面包括「教師為中心」的教學、「學

生爲中心」的教學、「統整型」的教學三種不同的型態。教師在選擇不同型態的教學時，通常是考慮班級教學上的需要，以配合不同型態的教學。一般教師在教學多年以後，由於經驗的累積、對教學效能的思考、反省教學的需要等，會偏向某一種固定的教學型態。有關教師教學進行和應用，簡要說明如下：

㈠ 以教師爲中心的教學型態

以教師爲中心的教學型態（teacher-centered teaching），所展現出來的就是教師決定教學活動的一切，一節課50分鐘的教學活動，都是教師在主導教學的各種細節。在教學活動中，教師是主角，學生是配角，教學決定權是教師，學生只是配合行動。教師爲中心的教學，在教學氣氛的營造、教學方法的運用、教學活動的設計、教學活動的進行等，都是以教師爲主的教學取向。

㈡ 以學生爲中心的教學型態

以學生爲中心的教學型態（learner-centered teaching），主要的是教師在教學時，以學生的需求爲主，作教師角色的改變、學生學習方式的改變以及學生學習評量方面的改變。以學生爲中心的教學，主要的是教師從「教學主導者」改變爲「助學者」，協助學生學習的角色。

㈢ 統整型的教學型態

統整型的教學型態，將教師中心的教學與學生中心的教學，整合成爲兼重教師與學生的教學模式。在統整型的教學進行時，教師應該要與學生扮演「教學協同」的角色，讓學生有機會參與教學，從教師與學生的雙向互動中，達成預期的教學目標。學生在教學中的角色，從被動改爲主動參與的角色。

㈣ 學習效能的金字塔

學習效能的金字塔（參見圖2），針對教師的教學型態，配合學生的學習效能，做比對式的研究，分析教師的教學方式與學生的學習成效之間的關係，進而提出教學上的建議。有關學習效能金字塔，簡要說明如下：

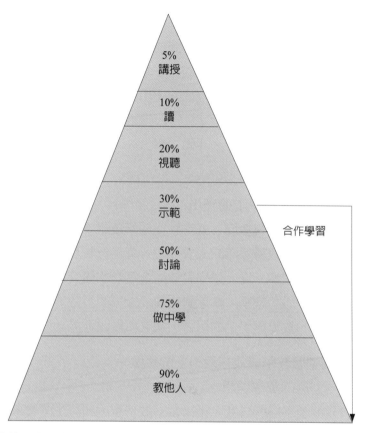

圖2　學習效能的金字塔

1. 聽教師講課，結束後會記得5%的學習內容。
2. 由教師帶領讀一遍，只會記得10%，例如教師請學生將課文讀一
   遍。
3. 教師上課使用多媒體教材（例如單槍投影機、電腦PPT等），學生
   會記得20%。
4. 教師上課帶領學生示範課本的知識或實驗，學生會記得30%。
5. 教師帶領學生參與討論，則學生會記得50%。
6. 教師指導學生親自實驗或做中學（learning by doing），學生會記得
   75%。

7. 教師指導學生將所學的概念，教給別人的話，會記得90%，例如請學生將語文的生字、數學的概念教給同儕學生。

相關的研究指出，華人世界的中小學教師，在教學型態方面偏向「以教師為中心」的教學；在教學方式的運用方面，偏向「講授」、「讀」、「視聽」方式的教學。因此，為了提升教師的教學效能與學生的學習效能，建議教師採用「討論」、「做中學」、「教他人」的方式，才能提高學生的學習效果。

㈤學習效能在教學上的應用

教師想要提升教學效能，就應該從教學效果本身，進行深入的檢討反省，瞭解無法提升教學效能的主要原因，或是分析現行的教學模式，存在哪些需要改進的因素。從上述學習效能金字塔的研究中，可以想像教師的教學偏向傳統型態的教學，缺乏對教學效能與學習效能的關照，重複的教學型態對教師的教學與學生的學習，缺乏積極改進的功能。

㈥不同型態教學成效在教學上的想像

1. 不同型態的教學理想

學習效能金字塔的研究，指出教師教學型態與學生學習效能的關係，同時也指出教師在教學上需要改進之處。優質的教師教學不僅需要教師本身的專業反省，同時也需要教師引進改進教學方案的研究結論。透過教師中心的教學、學生中心的教學、統整型態的教學型態，可以幫助教師瞭解哪一種型態是適合自己的，哪一種型態是需要慢慢引入教學中的，哪一種型態是自己在未來的教學，需要給予考量的。

2. 教學上的改變

教師的教學型態不管是「教師中心」、「學生中心」或「統整型」，只要對於學生的學習有正面積極的意義，教師都應該做各種層面的改變。有關教學型態的運用與改變，教師可以考慮下列原則：

(1)教師運用講授、讀、視聽器材方法後，可考慮作方法上的改變。

(2)運用教師中心的教學之後，可以考慮運用學生中心的教學。

(3)統整型的教學對於教師和學生有正面的意義。

(4)教師可以在適當的時機採用教他人、做中學、討論的教學法。

(5)想要改變教學可以請學生提出「對教學的觀點」。

(6)教師可以在教學中選擇學生擔任「教學助理」。

五、透過讚美成就每一位學生成功

「讚美可以讓學生覺得光彩，批評容易讓學生失去信心」

　　教師想要成就每一位學生的話，就必須在教室教學中，將讚美的話語融入教學活動中。有關班級經營管理的研究指出，讚美是鼓勵學生積極向學或改變行為的最好策略，因為所有的學生喜歡被讚美，透過被讚美讓每一位學生覺得學習是「有成就感的」，願意在遇到挫折時，再一次挑戰自己，投入困難的學習活動中。

㈠教師吝於讚美學生的教室

　　一般的教室生活中，教師的教學忙於趕進度、忙於考試、忙於應付每一位不同學生的學習情形、忙於針對不同學生進行反應等，對於學生在學習上的鼓勵或讚美，是相當少有且需要加強的。因此，教師在教學中應該加強對學生的讚美，針對每一位不同學生給予學習上的讚美，透過有效讚美策略的應用，鼓勵學生的學習行為，激發學生在學習上的動力。

㈡有效的讚美與無效的讚美

　　有關教師有效讚美與無效讚美的差異，請參見表3（林進材、林香河，2015）。

　　教師在讚美的應用時，要懂得哪些是有效的讚美，哪些是無效的讚美，透過讚美的應用，可以提升學生的學習動機和學習參與。

㈢讚美在教學上的效果

　　教師想要運用讚美於教學上，進而提升學生的行為表現，就必須瞭解哪些讚美是有效的，哪些讚美是無效的（或是反效果的），透過讚美的應

表3　有效與無效的讚美

有效的讚美	無效的讚美
具體	概括、籠統
指出學生的表現	僅止於分享
幫助學生意識到自己的進步	與其他同學比較
成就歸因於努力與才能	成就歸因於運氣
聚焦學習任務的相關行為上	聚焦學習任務之外的部分

用，可以降低學生的反社會行為，進而提升教學效果。有關有效的讚美行為，下列原則可以提供教師作為參考：

1. 具體的讚美語言，例如你的作業都準時完成，值得給予鼓勵。
2. 指出學生的行為表現，例如妳在上課中可以提出自己的見解，是一種很好的行為表現。
3. 幫助學生瞭解自己的進步情形，例如你的英文單字背誦有進步，值得給予鼓勵。
4. 協助學生成就歸因於努力和才能，例如這次的數學考試成績進步了，都是因為妳在數學運算上的用心和努力。
5. 針對學習行為給予鼓勵，例如在上理化課時，你特別用心，值得給予稱讚。

㈣ 透過讚美成就每一位學生

每個人天生都喜歡被接納、被稱讚的感覺，透過重要他人的讚美，不但可以提升自信心，也可以感受到自己努力後的成就感。教師在班級經營中，應該透過讚美的方式，鼓勵每一位學生並且成就每一位學生。讓每個學生喜歡班級的教學，喜歡教師的教學活動，在遇到困難時可以透過尋求讚美的心理，自我鼓勵，自我增強。教師也應該瞭解班級每一位學生，需要哪些型態的讚美、哪些實質上的鼓勵、哪些形式的讚美，透過不同讚美策略與方法的應用，鼓勵每一位不同的學生，在學習方面得到成就感。

㈤ 充滿讚美的教學想像

1. 讚美在教學上的理想

學生如果在班級生活中，給予過度的獎勵與讚美，容易失去自我管理的能力。但是適當的讚美對於每一位學生，具有正面積極的效益。當學生在學習中遇到挫折時，需要教師給予適時地讚美，透過讚美的魅力可以推動學生「再度學習」的動力，透過教師的積極鼓勵，能激發學生在學習方面的正向能量。教師不一定要懂得各式各樣的教學方法策略，但是一定要在教學中，懂得隨時運用各種讚美的策略，透過讚美成就每一位學生。

2. 教學上的改變

教學效果不彰的主要原因，多半在於教師吝於運用「讚美策略」，或不擅於運用「增強策略」。教師想要在教學中，達到預期的效果，應該在教學策略的運用上，多用心思、多做改變、多方運用。在教學上的改變，教師可以考慮下列幾項原則：

(1)瞭解有效讚美與無效讚美的差異。

(2)提醒自己常常運用有效讚美於教學中。

(3)經常性的反省班級教學中，鼓勵策略的運用情形。

(4)問問自己今天的教學是否忽略了讚美學生。

(5)教師讚美學生要能顧及每一位學生的感受。

(6)擬定教學計畫時，要記得將讚美納入教學設計中。

(7)當教師覺得教學效果不佳時，要先深思是否少用了讚美策略。

(8)透過讚美激發學生的學習正向能量。

六、設計與生活有關的教材

「生活經驗是驗證教科書知識的最佳材料」

「教材設計應該有效結合生活經驗與事件」

教師在教學中所依賴的教科書，最常被批評的地方是教材遠離實際的

生活，無法讓教師的教學與學生的生活經驗相結合。例如：數學領域的教材內容，常常和生活經驗不契合，形成學生學習上的困難。教師想要在教學中，引導學生從生活經驗，理解教科書的內容知識，就必須發揮「編修教材的專業能力」，將教科書中的知識，轉化成爲學生可以理解的「生活經驗」或「生活知識」。

㈠ 教科書中的知識內容問題

目前中小學教科書中，存在的問題和現象（葉興華，2011），包括：

1. 教科書的特殊意識型態窄化學習視野。
2. 內容更新速度跟不上時代變遷的步伐。
3. 教科書內容缺乏生活化造成學習困擾。
4. 同難度版本的教科書難以滿足不同程度學生的需求。
5. 形式內容不夠多元，無法因應不同的教學和學習需要。
6. 使用者的定位不明。

因此，教師在教學時，必須依據教科書的內容知識，做各種教學活動的設計，教學方法和教學策略的使用，也必須依據教科書的目標和內容，進行教學活動的實施。

當教師面對教科書的知識內容時，應該考量各種需求和現實條件，將教科書的知識內容，做各種修編或改寫方面的工作，使教科書的內容知識，可以密切結合生活經驗或生活事件，讓學生可以在教學中做理論和實際方面的對照，可以將各種生活經驗融入教師的教學當中。

㈡ 教師應該具備的「教科書轉化能力」

教師在教學活動進行時，面對教科書的內容知識，可以考慮採用多元的教學方法，以「不違背教科書知識內容」的方式，用「學生可以理解的方式」進行教學。因此，教師應該具備的教科書教學轉化能力，在教學過程中變得相當重要。

1.修編教科書內容知識

在各學科領域教學時，教師應該要瞭解教科書只是將學生所要學習的知識內容，透過各種形式呈現出來。因此，教師不必然要依賴教科書教

學，而是可以透過各種方式修編教科書的內容知識，透過自己的編寫過程，將教科書轉化成為學習容易理解的形式。

2. 運用各種教學轉化能力

教學轉化能力指的是「從教科書到學生可以理解」的過程，教師為了要讓學生理解教科書的內容「講什麼」，就必須透過轉化、解釋、舉例、翻譯等過程，用學生可以理解的經驗、生活事件，說明教科書的知識內容。引導學生透過「實例講解」方式，瞭解知識的內容。

3. 透過經驗事件舉例說明

知識的講解與說明，需要透過生活經驗和事件的說明，才能瞭解知識內容和內涵。例如：教師講解地形和氣溫的關係時，可以考慮透過地圖上的地名，用當地地形和氣溫說明地形和氣溫的關係，並且舉過去多年來的氣溫紀錄，印證地形和氣溫的關係。

4. 教科書知識和生活經驗相互轉換

一般教科書在知識內容的呈現方面，由於版面數量或作者的思考有限，無法將所想要呈現的知識，透過教科書的文字和圖樣呈現出來，教師必須在上課時和生活經驗相互轉換，講解讓學生可以理解。如果教師的教學活動，缺乏將教科書和生活經驗相互轉換，則教學容易成為多重「抽象概念」的講解，導致學生學習上的困擾。或是對於教科書的概念，無法充分的掌握，導致學習上的困難。

5. 教學中舉實際的案例說明

教學中需要舉實際的案例，和教科書中的知識內容相互印證，才能理解知識的內涵，和不同知識之間的關聯性。透過實際案例的說明，可以將抽象知識和實際經驗作關聯性的連結動作，學生才能從教師教學中瞭解不同知識的關係。

(三) 設計與生活有關的教材

教師想要設計生活化的教材，就必須先熟悉教科書的內容知識，透過教科書的熟悉，瞭解知識和生活如何相互結合，以及與生活有關的教材設計，教師可以參考下列原則：

1. 在認知方面賦予概念意義

教師想要設計生活化的教材，首先就要將認知概念意義化，例如講解微波爐時，可以用實體說明，或是採用照片呈現的方式。

2. 將抽象概念具體化

教科書中所呈現的知識，多半是抽象化的概念組合，教師在教學前應該先將抽象概念，透過具體化的設計，作為教學講解之用。

3. 強調整體概念的架構

透過整體概念的分析，教師可以提供學生具體明確的講解，並且引導學生將教學內容，與生活經驗作緊密的結合。

4. 重視概念之間的關聯性

不同概念之間具有相當程度的關聯性，教師應該在教學設計階段，將概念之間的關聯性，做教學程序上的設計。

5. 分析學科領域與生活的相關性

每一個學科領域的教學，都和生活有密切的關係。教師的教學活動，應該針對不同領域的教學，將生活上的各種經驗事件，引進教學活動中。

6. 採用題材生活化並結合生活經驗

題材生活化與生活經驗的結合，有助於學生瞭解教師所要講解的內容，而透過題材生活化的呈現，可以讓學生在生活經驗中尋找學習上的定位。

㈣ 運用生活有關教材在教學上的想像

1. 運用生活有關教材的教學理想

教學活動如果和生活經驗隔離過大，則教學容易成為抽象概念的總和，形成教師教學成效上的失敗，以及學生學習成果的不彰。教科書中的知識，無法將全部的生活經驗，納入教科書的編寫當中，也無法全部呈現所有的生活事件。教師的教學轉化能力和教學設計生活化，是教學成功與失敗的主要關鍵。當教師的教學與生活緊密結合時，就能提升學生的學習動機和參與，邁向「成功的教學」。

2.教學上的改變

　　遠離生活的教學活動，無法激起學生學習上的共鳴；具體運用生活經驗的教學活動，容易讓學生在教學中做好學習上的定位。教師在教學設計時，宜將生活經驗與事件，作爲驗證教學的素材。有關生活經驗的結合，教師可以考慮下列的改變：

　　(1)釐清教科書中的知識形式，並且將生活事件作緊密的結合。

　　(2)透過生活經驗與事件的講解，轉化教科書中的知識概念。

　　(3)講解概念時要結合實際的生活案例。

　　(4)講解知識之後，可以請學生舉生活上的經驗。

　　(5)運用「案例教學」或「檔案教學」引導學生學習。

　　(6)教科書的知識應結合「在地化」與「地方材料」。

　　(7)當學生學習困難時，要先釐清概念的內涵是否需要改變。

　　(8)教師講解概念時，一個概念宜配合多個生活經驗。

七、教學要教「學習策略」

「教學策略與學習策略是教學的一體兩面，
必須相互配合才能達到效果」

　　學習策略的運用，是學習成功的主要關鍵。如果學生在學習歷程中，缺乏對學習策略的認知和正確的運用，就無法收到「事半功倍」的效果，而容易導致「事倍功半」的結果。教師在學科領域教學開始時，就必須利用時間讓學生瞭解該學科領域的學習要領和學習策略，讓學生可以在學科學習中，正確運用學習策略，以提升該領域的學習成效。

㈠什麼是學習策略

　　有關學習策略的意義，國內外有相當多的文獻，針對學生的學習所採用的策略或方法，提出不同的觀點和看法。其中，Pintrich （1988）對於學習策略的看法是，個人從事學習活動對環境及可利用的資源經營，包括

對研讀時間的運用，讀書的環境、尋求他人的協助（老師、同學）、學習者自己的努力及堅持（persistence）程度；其包括了：1.經營策略：時間與研讀環境經營策略；2.支持策略：同儕學習及尋求協助行為。

依據上述文獻，對學習策略的定義，學習策略應該包括下列幾個重要的意義：1.學習方法的運用；2.研讀時間的運用；3.學習環境資源的運用；4.讀書環境的營造；5.尋求他人協助的方法；6.支持學習策略的應用；7.尋求同儕學習及協助的方法等。因此，學習策略是在教與學的歷程中，為了促進學生學習、認知及內在動機需求等方面學習成效的有系統方法、活動、計畫及歷程。

(二)課堂學習策略的方法

Ron Fry（蔡朝旭譯，1994）在如何學習當中指出，課堂前準備分為：1.一般性課前準備，包括：(1)做完所有功課；(2)複習筆記；(3)準備問題；(4)準備需要材料：兩孔或三孔資料夾，將一天或一週筆記，用釘書機釘在一起，再和講義作業簿放在一起；用獨立的筆記本；(5)心態準備：積極投入學習。2.課堂中準備，包括：(1)環境：選擇坐在前面、避免和會干擾你的同學同座、抬頭挺胸；(2)注意聽口頭說明；(3)留意非口頭傳遞的訊息；(4)問問題；(5)錄音的選擇；(6)瞭解整體概念；(7)上課只抄重要筆記。3.下課後準備，包括：(1)複習你的筆記；(2)把新功課填入每週行事曆中。

由上述的課堂學習策略的方法中，可見教師想要幫助學生做好學習，就需要瞭解有哪些好的學習策略，可以指導學生運用以解決學習上的問題。

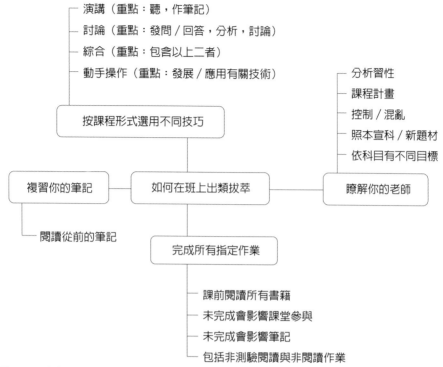

演講（重點：聽，作筆記）

討論（重點：發問／回答，分析，討論）

綜合（重點：包含以上二者）

動手操作（重點：發展／應用有關技術）

分析習性

課程計畫

控制／混亂

照本宣科／新題材

依科目有不同目標

按課程形式選用不同技巧

複習你的筆記

如何在班上出類拔萃

瞭解你的老師

閱讀從前的筆記

完成所有指定作業

課前閱讀所有書籍

未完成會影響課堂參與

未完成會影響筆記

包括非測驗閱讀與非閱讀作業

圖3　課堂學習架構表

(三)學習策略怎麼教

　　教師想要教「學習策略」，就必須先瞭解不同學科領域的學習策略內容有哪些？這些學習策略如何運用在教師的教學中和學生的學習中。以自然與生活科技為例：1.基本學習方法：(1)預讀實際的操作；(2)當天整理作業簿；(3)多作練習，記住原理，記號或公式；(4)最重要是自己製作。2.理化的學習要領：(1)理化概念要和生活結合；(2)重點在於邏輯和思考技巧；(3)理化公式要記下來，做學習上歸納；(4)筆記要做重點式標示；(5)製作圖表時一定要理解。3.生物的學習要領：(1)生物圖重要的名詞標示出來；(2)最好的方法是「實物對照法」；(3)做筆記時將各種圖片影印名詞標示出來；(4)做筆記劃重點。

　　上述的學習策略，教師應該將要領與訣竅，融入學科領域的教學，隨

時在教學進行中，指導學生運用上述策略以加強學習效果。

㈣ 學習策略的教學想像

1. 學習策略的教學理想

教師教學活動的進行，應該包括教師的教學方法與學生學習策略的相互融合，有了好的教學方法，也需要優質的學習策略，才能收到預期的效果。教師想要提升教學品質，當然就需要在教學中隨時提醒學生，運用良好的學習策略，才能在教學中得到加倍效果。學習策略的運用，是需要教師在教學中教給學生的，而不是讓學生從「嘗試錯誤中學習」，而是讓學生「從效能中進行學習」。

2. 教學上的改變

教師教學活動的進行，要同時顧及學生的學習情形。換言之，教學活動的進行，要能兼顧學生的學習成效，瞭解學生在學習策略上的運用。教師在進行概念教學時，同時要指導學生學習策略的應用，才能在教學中兼顧學習的進行。有關學習策略的教學，教師可以考慮下列的改變：

(1) 每一單元的教學都要同時擬定有效的學習策略。

(2) 在單元教學開始時，就教導學生該單元的學習策略。

(3) 隨時注意學生在學習策略上的應用情形是否正確。

(4) 教師宜指導學生進行單元教學的筆記工作。

(5) 當學生的學習出問題時，教師可以透過學生「學習策略」的應用瞭解問題癥結。

(6) 想要調整教學前，可以考慮調整學生的學習策略。

(7) 改變教學方法，也應改變學習策略的教法。

(8) 教學是需要要領的，學習也是需要要領。

八、強化學生的自律性動機

「強化自律性動機才能強化學生的學習慾望」

　　動機是激發、引導及持續行為之一種內在狀態（朱敬先，1997）。心理學家對動機的研究探討重點在於：㈠激發個體行為的初始原因為何？㈡何種原因使個體導向特定目標？㈢什麼原因支持個體達成該項目標？動機理論的運用尤其在班級生活中如何透過學習動機的激發，促使學習者願意花更多的時間在學習活動上，往往是教師最關心的話題。

㈠動機的意義與理論基礎

　　動機的意義依據心理學名詞辭典（游恒山，民79）的解釋：「動機是推動人類行為的內在力量。他是引起和維持個體行為、並將此行為導向某一目標的願望或意念。」動機是人的活動的推動者，體現著所需要的客觀事物對人的活動的激勵作用。

㈡動機理論

　　心理學家對動機的探討截至目前為止，包括行為取向的動機理論、人本取向的動機理論、認知取向的動機理論及社會學習取向的動機理論，詳述如下：

1. 行為取向的動機理論（behavior approaches to motivation）

　　行為取向的動機理論源自於行為學派的學習論，認為個體的學習是外界刺激與反應之間的聯結關係，此種關係的建立受到增強、懲罰、模仿抑制等的影響。因此，激勵學生就可以運用各種增強策略、懲罰策略以及行為塑造的策略。行為學派認為透過外爍增強，提供學生各種等級、酬賞、分數等可以激勵學生的學習動機進而增進學習效果。

2. 人本取向的動機理論（humanistic approaches to motivation）

　　人本取向的動機學習理論認為個體行為的養成並非如行為學派強調的被動性，而應該是個體主動積極、強調個體自由選擇、自我決定以及自我

實現、自我成長而來。人本學派對學習行爲的養成強調主動的觀點，強調激發內在心理趨力的重要性，學習應該是滿足個體內在心理需求與內在自我實現，並非如行爲學派強調外在因素的影響。教學活動的進行應該著重個體的心理需求，針對各種內在心理特性擬定激勵策略，以更人性化的方式激勵學習者願意參與學習。

3. 認知取向的動機理論（cognitive approaches to motivation）

認知取向的動機理論認爲學習的形成並不全是對外界事件或生理狀況進行反應，而是對這些事件進行心理認知解釋。認知取向的動機理論認爲個體的學習是爲了內在心理的滿足，而非對外界酬賞的滿足而引發學習。認知取向的動機理論強調對個體發動內發動機，以滿足學習上的心理需求。

4. 社會學習取向的動機理論（social learning approaches to motivation）

社會取向的動機理論是揉合行爲學派與認知學派的觀點，認爲動機的產生是個體對達成目標的期望以及該目標對個體所產生的價值而定。個體動機的產生大部分是透過社會學而來，並非僅因外在因素或內在心理滿足。學習者會爲自己擬定可達成的目標，而後透過各種策略與努力達成既定目標。

(三) 強化學生自律性動機的步驟

運用高成就動機者的行為特徵

· 教師想要提升學生學動機，必須先瞭解高成就動機者的行為特徵有哪些？例如具備耐心、細心的心理特質，以及良好的情緒管理等。則教師必須將高成就動機者的行為特徵轉化成為可教導的策略或方案，教導學生模仿高成就動機者的行為模式並進而成為自己的行為模式，如此才能提高學習動機。

設定適當的具體目標

· 學習者在學習過程中之所以會缺乏興趣，通常和自我要求過高或周遭重要他人的期望標準過高有關。教師應針對學生的學習表現訂定適當的具體目標，在教學中給予學生各種成功的機會與自我實現的可能，透過各種表現讓學習者對學習活動充滿信心，進而激發對學習的動機。

擬定自我調整策略

· 增進學習者成就動機的另一種策略就是運用自我調整策略（self-regulation），指導學習者依據自己的能力判斷，包括自我觀察、自我判斷、自我強化三個主要步驟。自我觀察的策略在於對自己學習過程進行監控，瞭解自己在學習方面的表現情形，瞭解自己的表現和終點目標有多少差距，將自己的學習作有系統的紀錄；自我判斷指的是依據自己的學習成就和能力訂定比較具體可行的策略，避免將目標定的過高，導致產生學習上的挫折焦慮；自我強化指的是依據自己訂定的目標評量學習成果，針對自己的學習表現給予適度的獎勵，如果表現未如預期的話，則施加適度的懲罰（例如減少休閒時間）。

(四) 強化自律性動機的教學想像

1. 強化自律性動機的教學理想

教師想要讓學生在學習中，以自動自發的方式參與學習，就必須在平

時養成學生自律性動機的習慣，並且讓學生可以將此種學習模式，應用在班級學習當中。唯有透過自律性動機的強化，才能提升學生的學習參與，提升教學效能與學習效果。

2. 教學上的改變

教師在運用策略提升教學效果時，應該針對不同學習成就與學習動機學生的行為表現，擬定不同的提升動機策略，作為激發學生學習成效策略之用。在強化學習動機方面，教師可以考慮下列的教學改變：

(1)教師應瞭解高成就動機學生的行為特徵。

(2)將高成就學生學習動機轉化成為具體可用的教學策略。

(3)自我檢視是否對學生的學習成就標準要求過高。

(4)教師應該設法讓每一位學生對自己的學習充滿信心。

(5)透過對學生學習信心的激發，鼓勵學生進行「學習的自我挑戰」。

(6)指導學習者依據自己的能力判斷，包括自我觀察、自我判斷、自我強化三個主要步驟。

(7)檢視教學活動是否用對「動機策略」。

(8)教師應該在教學中運用不同取向的動機策略，並且瞭解不同動機策略的使用效果。

第三章

在地化與國際化的
教學藝術與想像

在地化與國際化的要求，本身並不是衝突的概念，也不是相對的概念。在地化強調的是熱愛本土、熱愛鄉土、熱愛生活社區的情懷；國際化的概念，重視的是地球村的觀念，立足本土放遠國際的胸懷，透過國際化的教學活動，提供學生思考過去、立足現在、放眼未來的大世界胸襟。

本章的主要意義，在於說明教學的在地化與國際化的概念，透過教學的藝術與想像，提供教師面對未來教學改革的「變」與「不變」。在內容方面，包括在地化與國際化的分析與論述、培養學生對居住土地的美感、多元文化教育的課程實施、培養學生對自己接觸環境的情感、讓學習者貼近學校生活、網際網路為學習帶來驚奇、有效運用圖書室的資源、教導學生檢視課程偏見的教學等單元，提供教師「由自己到他人」、「由近而遠」、「由親而疏」、「從在地化到國際化」等教學的想像，從教學活動中思考在地化與國際化的議題，透過教學活動的開展，引導學生熟悉自己、認識他人，從熟悉的地方開始、進而認識他人，拓展國際社會視野。

一、在地化與國際化的分析與論述

「教學活動應該兼顧在地化與國際化視野的交融」
「拓展國際視野不僅僅是語言運用的問題，同時是文化融合的議題」

㈠國際化的意義

國際化（又稱之為全球化）主要的意義，指全球的聯繫不斷擴張，人類生活在全球規模的基礎上發展，以及全球主體意識方面的崛起。Harman（2004）認為國際化教育之意涵，可歸納為下列四點：

1. 師生跨國之間的流動。
2. 教育課程的國際化。
3. 國際間的研究聯繫以及開放式的學習計畫。
4. 雙邊的、區域的、國際彼此間的教育資格互相認可。

國際化代表著重視國與國之間在政治、經濟、社會、教育、宗教等方

面的關係，越來越密切的發展。教學的國際化意義，指的是教師的教學不應該只重視地方性、社區性的議題，也應該要將國際上發生的重大事件，導入教師的教學活動中。透過國際化的教學，引導學生將自己的視野從自己、他人、家庭、社區、國家到國際。

(二) 在地化的意義

在地化又稱之爲本土化，主要的意義在於說明地域化、地方化的概念。在地化與國際化的概念，並無衝突或對立的。教學的在地化意義，指的是教師的教學活動，應該要考慮將地方的特色、發展、文化、政治、宗教、習俗等方面的事件等，融入教師的教學活動中，教導學生熟悉自己生長的地方。避免因爲過於崇尚國際化，而忽略了自己的根、自己的本。透過教學活動的實施，認清、認同並保留地方的優質文化。本土化的主要意義，在於尋求文化認同，並訴諸於民族情感的心理訴求。本土化不在於一味排斥外來文化的價值，走入自我封閉的歧路，而是凸顯自身存在的價值。

(三) 教學國際化的策略

教師教學國際化的主要方法，可以參考下列策略：

1. 加強學生的外國語文能力

在教育方面想要達到國際化的水平，教師宜在課程與教學實施中，加強學生的外國語文能力，透過語言能力的提升、語言溝通能力的促進，學生才能隨時與國外聯繫、互動，進而提升國際競爭力。

2. 加強學生的國際競爭力

學生國際競爭力的加強，首要在於瞭解不同國家的風情、民族性，並進而從瞭解中，達到「互助互爭」的效果。教導學生提升自己的能力，加強自己和國際上同儕學生的各種競爭力。

3. 教師教學方法與世界接軌

教師在教學方法的運用方面，應該設法與世界接軌，透過教學方法的運用，引導學生認識世界、接觸世界，並進而熟悉世界。

4. 教材內容反應國際發展與趨勢

在教材內容的規劃設計方面，教師宜將國際發展與趨勢等，納入教學設計中，透過教學活動的實施，引導學生瞭解目前國際發展的狀況，並進而瞭解自身需要具備哪些基本能力。

5. 課程設計融入世界議題

世界議題融入課程與教學設計，有助於引導學生將世界的各種議題，納入學習體系中，透過學習歷程認識世界。

㈣ 教學本土化的策略

本土化教學的實施，主要的重點不在於區隔國際化，也不在於忽略國際化的重要性，而是透過教學本土化策略的運用，加強學生對居住環境與生長社區的情感，從「認識自己」、「認識社區」、「瞭解環境」到「認識他人」、「瞭解他國」等。有關教學本土化的策略，可以參考下列幾項策略：

1. 加強鄉土意識教學

教師在教學實施中，宜加強鄉土意識教學，將當地的歷史、發展、風情、民俗等，納入教學設計中，引導學生對鄉土意識的理解，進而從情感教育著手。

2. 將當地文史納入教學設計

教學設計中，可以將歷史、地理、人文、風俗、社區等素材，納入課程與教學設計中，在教學活動實施中，引導學生瞭解上述的題材。

3. 認識臺灣納入教材

教師想要加強本土化教學，可以考慮將「認識臺灣」納入教材中，透過對教材的學習，學生能從學習中瞭解臺灣的歷史、地理、人文、風俗、語言等，進而從認識臺灣到愛臺灣。

4. 實施母語教學

語言是本土的根、本土的脈，透過母語教學活動，可以引導學生從自己的「母語」中瞭解生長地區的特色，從母語學習中培養本土意識。

㈢ 教導學生認識成長的土地

　　教師在教學中想要教導學生，認識自己成長的土地，在教學設計中就要考慮，將社區的各種事物融入教學設計中。例如：秀春教育基金會舉辦秀春家族學生成長營，舉辦為期2天的研習活動，藉由課程講解、實地走進家鄉巷弄，帶領孩子們認識自己、認識家鄉。其次，進行宜蘭鄉土巡禮，近50名學生走訪羅東文化林業園區，一覽羅東過去林業風華，接著到五結鄉利澤老街，找尋過去故事（引自中時電子報，2014/08/24）。

　　上述的活動，就是透過和學校教育的結合，將社區的主要特色，融入教師教學中，以「活動式」的課程，引導學生瞭解居住的社區中「有什麼故事」、「發生什麼事」、「有什麼歷史」等居住的題材。從活動的參與中，可以慢慢尋繹社區的成長歷史，以及這些歷史對現代生活的意義。

㈣ 教學設計上的應用

　　配合美感教育和居住土地美感的教學設計，教師可以透過本土教育的理念，將上述二種理念融入課程與教學設計中。透過對居住土地的美感教學，可以引導學生瞭解自己成長的土地，在過去的歷史中有哪些定位，這些定位對於自己的現在和未來，所扮演的重要角色。教師在教學設計上，可以考慮下列步驟：

1. 瞭解學生居住土地之文史主要內涵。
2. 配合學校課程與教學內容，融入社區的各種素材。
3. 以融入式或外加課程方式進行課程設計。
4. 進行課程與教學設計。
5. 進行土地美感課程與教學實施。
6. 進行成效評估並建立課程與教學模式。
7. 提出美感教育教學模式。

㈤ 居住土地美感的教學想像

1. 居住土地美感的教學理想

　　美感教育的實施，應該從認識自己做起。教師想要教導學生居住土地的美感，就必須先引導學生從「認識自己」、「喜愛自己」做起，進而瞭

解居住土地的美感，透過美感的感受培養對土地的熱愛。

2. 教學上的改變

教師的教學活動，比較少顧及美感教育的相關概念，尤其是對於居住土地美感方面的教學。因此，學生對於居住環境的陌生感，始終存在內心世界中。當教師強調美感教育或教學美感時，應該針對美感的內涵，思考在教學上的改變。有關居住美感的教育，教師可以思考在教學上的改變：

(1)先釐清「美」和「不美」的重要概念。

(2)在教學中做「美」和「不美」概念的舉例。

(3)請學生將生活的地圖具體的畫出來，並標示出心中認為最美之處。

(4)請學生將生長地值得向他人介紹（或行銷）之處或景色圖示出來。

(5)透過分享時間，請學生說明「居住土地之美」。

(6)教師應該從教學中建立「美感教學模式」並驗證模式可行之處。

(7)每天至少和學生分享一則有關美的事件。

(8)教導學生愛自己的土地、欣賞生活社區、分享美的景色。

三、多元文化教育的課程實施

「多元文化的重點在於同中求異、異中求同」

多元文化概念的主要精神在於「同中求異、異中求同」，多元文化教育強調的是瞭解自己，同時也要瞭解周遭的人事物等理念的落實。

(一)多元文化教育的意義

多元文化教育的意義，涉及的範圍相當的廣，它同時是一個複雜的概念，由於探討多元文化的角度不一樣，對於多元文化意義的詮釋，也會有不同的概念出現。依據行政院教育改革審議委員會的定義：「多元文化教育的理念，在於肯定人的價值，重視個人潛能的發展，使每個人不但能珍惜自己族群的文化，也能欣賞並重視各族群文化與世界不同的文化。在社會正義的原則下，對於不同性別、弱勢族群，或身心發展障礙者的教育需求，應予以特別的考量，協助其發展。」（姚美蘭，2015）

　　在地化與國際化的要求，本身並不是衝突的概念，也不是相對的概念。在地化強調的是熱愛本土、熱愛鄉土、熱愛生活社區的情懷；國際化的概念，重視的是地球村的觀念，立足本土放遠國際的胸懷，透過國際化的教學活動，提供學生思考過去、立足現在、放眼未來的大世界胸襟。

　　本章的主要意義，在於說明教學的在地化與國際化的概念，透過教學的藝術與想像，提供教師面對未來教學改革的「變」與「不變」。在內容方面，包括在地化與國際化的分析與論述、培養學生對居住土地的美感、多元文化教育的課程實施、培養學生對自己接觸環境的情感、讓學習者貼近學校生活、網際網路為學習帶來驚奇、有效運用圖書室的資源、教導學生檢視課程偏見的教學等單元，提供教師「由自己到他人」、「由近而遠」、「由親而疏」、「從在地化到國際化」等教學的想像，從教學活動中思考在地化與國際化的議題，透過教學活動的開展，引導學生熟悉自己、認識他人，從熟悉的地方開始、進而認識他人，拓展國際社會視野。

一、在地化與國際化的分析與論述

「教學活動應該兼顧在地化與國際化視野的交融」
「拓展國際視野不僅僅是語言運用的問題，同時是文化融合的議題」

㈠國際化的意義

　　國際化（又稱之為全球化）主要的意義，指全球的聯繫不斷擴張，人類生活在全球規模的基礎上發展，以及全球主體意識方面的崛起。Harman（2004）認為國際化教育之意涵，可歸納為下列四點：

1. 師生跨國之間的流動。
2. 教育課程的國際化。
3. 國際間的研究聯繫以及開放式的學習計畫。
4. 雙邊的、區域的、國際彼此間的教育資格互相認可。

國際化代表著重視國與國之間在政治、經濟、社會、教育、宗教等方

第三章

在地化與國際化的
教學藝術與想像

㈡多元文化教育的目標

多元文化教育實施的主要目標，包括二大類：1.尊重他人；2.尊重自己。而一般多元文化教育實施的目標，大部分分成認知、情意和技能三個層面。

多元文化的教育目標，主要精神在於教育學生培養理解與尊重的多元文化素養，透過教育能認識不同的文化知識，面對不同族群能相互欣賞、尊重認同，並肯定多元文化的價值，且具有良好的文化溝通、文化體驗能力，並進而消除我族中心主義、族群偏見和歧視，最後能促進不同族群間的和諧，此為多元文化教育最終的理想和目標。

㈢多元文化教育課程的設計模式

多元文化教育課程設計的模式，主要是依據多元文化教育目標而來，透過課程設計與教學實施，強化並修正學生的自我認識與認識他人的基本能力或素養。有關多元文化教育課程的設計模式，以Bank（1993）提出的課程設計模式（參見圖4）為主（林進材，2006）：

第一階段：貢獻模式

此階段的特色在於把少數族群的節慶、英雄或一些片段文化加入主流社會的觀點。

第二階段：附加模式

此階段的特色在於未變更主流課程的基本結構、目標和特徵下，加入和族群文化有關的內容、概念、主題和觀點。

第三階段：轉型模式

此階段的特色在於改變課程的典範和基本假設，讓學生從不同族群文化的觀點，探討概念、問題和事件。

第四階段：社會行動模式

此階段的特色在於讓學生對所探討過的概念和社會議題，做成決定和採行動解決問題。

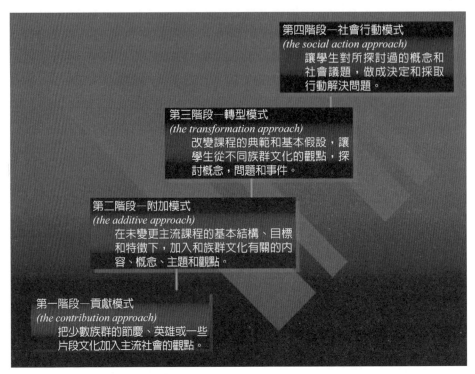

圖4　多元文化課程設計模式圖

　　透過上述多元文化教育課程設計模式，教師可以透過課程與教學的實施，採用漸進方式，教導學生多元文化的概念，並慢慢改變學生的傳統觀念，修正對多元文化模式的概念。

㈣多元文化教育課程與教學設計的類型

　　一般而言，適合國內中小學實施的多元文化教育課程設計類型，簡要說明如下（黃政傑，1995）：

1. 補救模式：係以傳統課程為核心，安排弱勢族群學生接受補救措施。

2. 消除偏見模式：係指對於傳統課程中內容的偏見加以探討、調整或刪除。

3. 人際關係模式：在課程中加入人際關係內容，以促進族群和諧。

4. 非正式課程模式：將民族英雄及節慶活動和內容融入課程中。

5. 正式課程附加模式：把與有關族群內容，附加到正式課程的相關科目中。

6. 融合模式：以社會事件為核心，再從不同族群的觀點來探討該事件。

7. 統整模式：將族群內容與其他相關課程作一統整。

8. 社會行動模式：強調學生面對問題時做決定及行動的能力。

9. 族群研究模式：獨立開設一門族群研究的課程。

10.整體改革模式：係指改變學校整體教育過程，以符合多元文化教育目標。

㈤ 多元文化教育在教學上的想像

1.多元文化的教學理想

多元文化教育的實施，在國內外的教育體制中，透過課程與教學改革與實施的途徑，已經實施多年且累積相當的成效。近幾年來，多元文化教育的重要核心觀念和關鍵，慢慢廣為一般社會大眾重視，且在學校教育中積極落實。未來，在多元文化教育素養方面的教育訴求，必然隨著多元文化教育的被重視，成為下一波學校教育改革的重要議題。

2.教學上的改變

多元文化的教育理念不在於標新立異，而在於相互包容、相互融合、相互尊重、相互關懷，重點在於接納自己並接納別人。教師的教學活動，不應該僅限於教科書的內容知識，也應該將學生的學習視野，擴展到教科書以外的地方。

(1)教學要教導學生主流的觀念並舉具體的例子說明。

(2)教學宜加入與文化和族群有關的主題和內容。

(3)教師可以考慮改變課程與教學的典範，引導學生從不同角度思考存在的各種文化議題。

(4)教學應教導學生面對各種差異，並從解決問題中建立思考模式。

(5)教師應隨時提醒學生尊重他人的態度，並指出不尊重的概念。

(6)對於班級中不同性別、弱勢族群，或身心發展障礙者的教育需求，應予以特別的考量。

(7)教導學生以「公平對待公平、以不公平對待不公平」的概念。

(8)教師應該隨時調整自己的多元價值觀。

四、培養學生對自己接觸環境的情感

「教導環境教育的概念宜從情感層面開始」
「培養學生接觸環境的情感，勝於經常性的環境教育宣導」

學校教育中教導學生對於自己接觸環境的情感，應該從一般環境教育的實施做起，透過環境教育的課程與教學實施，加強學生對於生長環境的認識。

㈠環境教育的目標

目前我國環境教育的目標，主要內容包括：

1. 藉由教育過程，使全民獲得保護改善環境所需之倫理、知識、態度技能及價值觀。

2. 以人文理念跟科學方法，致力於自然生態保育及環境資源合理經營，以保護人類社會之永續發展。

3. 確立經濟發展與環境保護互益互存之理念，在生活實踐上，倡導珍惜資源，使全民崇尚自然，落實節約能源、惜福愛物及垃圾減廢、資源回收再利用的生活方式。

由上述環境教育的目標可知，環境教育的目的即是要世界上的每一個人，在透過環境教育的過程中，不但要具有給予環境問題的知識、觀念，更要培養保護環境的態度、意願，進而具有克服環境問題、處理環境能力的對策之實踐力。因此，想要教導學生對自己接觸環境的情感，就必須從環境教育目標瞭解起。

㈡多科融入式環境課程

　　目前中小學教育當中，採用的環境教育作法，主要以多科融入環境課程的方式，實施環境教育。有關多科融入式環境課程的主要內容和意義，參見圖5。「融入」一詞蘊含著「統整」的涵義，融入式取向在於「轉化」知識，而非添加知識。所謂融入式環境教育課程，即是將環境教育的理念、目標、內涵、教學與評量融入課程綱要之中，不只是在學科中加入一些環境教育的知識，而是透過能力指標的訂定，統整環境覺知與敏感度、環境概念知識、環境價值觀與態度、環境行動技能、環境行動經驗的一貫性教學模式（麥清維，2003）。其課程組織模式如圖5：

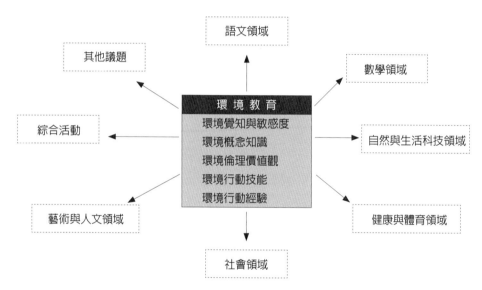

圖5　融入式環境課程科技整合模式（楊冠政，1998）

㈢在教學上的應用

　　融入式環境教育課程的實施，在教學上的應用，可以採用，不但不會增加學生原本概念學習的負擔，又可以融入情意目標於知性課程中，培養學生學會認知概念外，尚需兼具寬容、欣賞、尊重和關懷的情意態度。以1985年美國威斯康辛州教育廳頒布的環境教育課程規劃，課程指引中建議

了融入式環境教育的八個步驟（引自楊冠政，1998）：

1. 步驟 I

選擇適當的環境主題，選擇的基準如下：

(1)現今社會的需要。

(2)學生的能力與經驗。

(3)與學生及其生活社區有關。

(4)教師本身能力與經驗。

(5)與學生學習之學科相關。

2. 步驟 II

選定教學科目及單元，分析環境課題與相關科目之內容，決定可融入環境主題或成分之教學科目、教學單元及環境成分（包括環境概念、態度及技能）。

3. 步驟 III

發展環境教學目標，依據前項步驟之分析結果，發展一個或多個環境的教學目標。

(1)教學目標應包含認知的、情意的、技能的。

(2)如有需要可增添新的教學目標或修訂原有的教學目標。

4. 步驟 IV

編製環境教材內容融入原有教材，依據教學目標、編制適當的教學活動或教材內容，並融入原有之單元中。

5. 步驟 V

發展新的教學過程，由於增加新的教學目標及活動，教學過程應配合修訂。

6. 步驟 VI

增加新的過程技術，為完成新的教學目標，增加新的過程技術，現有教材除培養調查、訪問、辨識事實證據等過程外，可增加下列幾項：

(1)界定主要詞彙或片語的定義。

(2)資料蒐集、分析及處理。

(3)價值觀位置的判定。

(4)衝突原因之假設。

(5)問題發生之預測。

7. 步驟Ⅶ

增加新的教學資源，以利進行新的教學活動。

8. 步驟Ⅷ

蒐集有關活動及建議新的活動主題。

綜言之，融入式環境教育需配合現今社會、社區需要、學生生活背景，而課程的成功與否，則根植於教師課程發展、教學設計及進行教學活動的能力。發展以「學校為中心」的環境課程，編制適當的環境教育題材，兼具認知、情意和技能三方面的學習目標，藉由科技整合和教師專業自主，可以真正落實環境教育。

㈣ 接觸環境情感在教學上的想像

1. 接觸環境情感教育的教學理想

教師在教導學生培養學生對自己接觸的環境情感，可以透過課程與教學設計，採用融入式環境課程與教學設計的方式，在各科教學活動進行時，將各個環境教育的要素，融入教學設計中，引導學生漸進式認識自己成長的環境，從認識環境、瞭解環境、接觸環境到熱愛環境、改造環境等。

2. 教學上的改變

在重視環境教育與環境保護教育的今日，教師應該從日常生活教育，將有關的環境議題，融入各領域的教學中。想要培養學生對接觸環境的情感，教師的教學就需要做調整與改變：

(1)利用案例教學或檔案教學，引導學生瞭解不重視環境的後果。

(2)環境教育的實施最好是利用機會教育，提供學生生活上的經驗作為驗證。

(3)環境教育的教學可以透過「融入式課程實施」，隨時提供學生有關的環境教育知能。

(4)環境教育的教學，教師可以運用「行為後果」作為引導學生學習

策略。

(5)環境教育的教學，教師可以運用「認識環境、瞭解環境、接觸環境到熱愛環境、改造環境」等模式。

五、讓學習者貼近學校生活

「學生學習適應困難是抗拒學校學習的主要關鍵」
「優質的學校生活要領是喜歡比會更重要」

學校是一個複雜的學習環境，它包括心理性、社會性、經濟性、教育性等特質，同時包括教師與學生的互動、學生同儕關係的建立等。傳統的教學活動，與學校生活相去甚遠，無法將學校生活融入班級教學中，導致學生對學校生活的陌生，間接影響學習效果。因此，教師的教學必須考慮學校生活的複雜性與系統性的問題。

㈠協助學生學習適應

教師的教學思考，應該定位在「不要讓分數破壞師生間的和諧關係」，抹煞學生的學習興趣。教師應該在教學中，引導學生瞭解學校的生活以及各種活動，協助學生在進入學校時，能快速瞭解學校生活與家庭生活的差異，哪些是需要維持的？哪些是需要改變的？避免讓學校生活與家庭生活差異過大，導致學生對學校生活感到恐懼，進而排斥學校的學習活動。

㈡好學生的定義

有關好學生的定義，每一個人心中的想法都不一樣。不同階段的學校生活，對於好學生的定義，也有不同的解釋。例如：國小階段的好學生定義，主要是擁有良好的生活習慣與品德，例如對人有禮貌、生活習慣佳、愛整潔守秩序、守時負責任等，在遇到各種問題時，能自己面對問題解決問題，並且從經驗中學習。中學階段的好學生定義，主要包括良好的生活習慣與優質的學科學習等。教師應該避免用齊一的標準，或是單一的面向

與標準，要求不同的學生，讓學生在「好學生」的定義上，可以展現不同的個性和個別差異。

㈢協助學生有效的學習

在學校生活中，主要的功能是培養有效的學習。教師的學科教學，應該和學生的有效學習密切配合，在學科教學過程引導學生高效能地運用各學科的學習策略與方法，達到高效能的學習目標。

1.語文方面包括識字量與閱讀理解

在語文學習方面，教師應該培養學生養成閱讀的習慣，透過閱讀增強文字的識字量，以及語文方面的閱讀理解。

2.數理方面包括正確與速度二原則

數理方面的學習，引導學生從日常生活中學習數字的各種概念，例如1公尺、1公斤、1小時等單元的意義和應用，讓學生從生活應用中，瞭解數理的各種抽象概念。此外，在數理的運算方面，應加強「正確」與「速度」方面的訓練。

3.自然科學培養學生動手做的能力

自然科學的學習是觀察的開始，讓學生透過對外界自然現象的觀察，培養耐心、細心、有恆的科學態度。引導學生培養動手做的習慣，透過觀察、蒐集、飼養、栽培等方式，提高自然科學學習興趣。透過自然科學的學習，養成主動參與和求知的意願，並且培養主動接近大自然的積極情懷。

4.社會科首重人際關係與合群態度

社會科的學習，主要功能在於培養良好的人際關係，以及培養社會合群的態度。教師應該引導學生，透過討論、角色扮演、戲劇表演、分組分享方式，養成與人相互合作的習慣，瞭解團結就是力量的道理。

㈣貼近學校生活的教學

教師在進行教學規劃時，應該將學校生活的梗概融入教學設計中，例如讓學生瞭解學校的生活作息、學校的各種設施、學校生活的習性、學校是如何運作等，透過對學校生活的瞭解，有助於學生融入學校生活中，

進而對學習生活產生興趣，引發學生的學習動機。在貼近學校生活的教學中，最重要的是培養學生自主的學習態度。

1. 和學生共同擬定學校的學習計畫。
2. 利用適當的機會講解學校的作息。
3. 督導學生主動完成各種指定作業。
4. 協助學生進行預習、溫習、複習等工作。
5. 瞭解學生學習困難之處，並引導協助解決困難。
6. 配合學習進度輔導學生主動利用各種學習資源。例如圖書館、社區活動中心等。

(五)貼近學校生活的教學想像

1. 貼近學校生活的教學理想

學校生活應該是充滿樂趣、充滿挑戰且充滿成功機會的，教師應該透過學校生活的規劃與講解，讓學生從潛移默化中喜歡學校的生活，每個學生對於學校的生活充滿期待、充滿興趣。如果，每個學校的經營都能達到「學生害怕放假不能來學校學習」的程度，則教學與學習就會成為生活中最期盼的一件事。

2. 教學上的改變

教師的教學活動，想要讓學生積極的參與，就必須從學生「為什麼不喜歡學習」相關問題，作專業上分析與改進。

(1)教師在教學上應該掌握「喜歡」比「會」更重要的要領。

(2)要讓學生喜歡學校的生活，就要先瞭解學生為什麼不喜歡學校。

(3)教師協助學生學習適應，往往比好的教學來得重要。

(4)教師應該讓學生在班級生活中，充滿各種有趣的挑戰機會。

(5)好的教學要讓學生感受到學不會的痛苦。

(6)教師不宜透過自己的學習經驗瞭解學生，而應該從學生的學習經驗瞭解學生。

(7)利用時間問問「拒絕學習」的學生，為什麼不喜歡學習。

(8)教師要想辦法讓班級生活充滿樂趣。

六、網際網路為學習帶來驚奇

「儘管網路為學習帶來無限希望，但應該避免過於依賴網路教學」
「網路教學效果再怎麼好也無法取代教師在教學中的重要性和地位」

　　網際網路的便利性和快速性，為教室的教學帶來相當多的便利，教師可以在教學活動中，透過「資訊融入教學」的方式，將各種抽象的概念、放在雲端的教學素材，從網路上下載提供學生學習上的需要。近年來，國內各地區的中小學，幾乎所有的教室教學設備，已經達到e化的標準配備。因此，教師對於資訊融入教學的各種基本條件和基本素養，必須有深入的瞭解。

(一) 資訊融入教學的意義

　　資訊教育的重要性在於應用教學層面，使教師之教材、教法、教學媒體多元化，建立啟發式、互動式學習環境，資訊教育的重心為培養學生運用資訊進行判斷、組織、決策與處理問題的能力，養成愛好學習、獨立學習的習慣，並能在全球化的網路學習社群中與他人進行合作學習，培養健全的社會價值觀與開闊的世界觀。資訊科技融入教學的意義在於教師是否能瞭解資訊科技的本質，且能統整學科知識與資訊科技，引導學生應用科技進行有意義的學習活動，提高學生的學習成效與興趣。資訊科技並非能主導課程教學，而在於教師理解資訊科技與課程教學之間的關聯脈絡，進行和諧地調整與溝通，善於運用資訊科技來解決課業與生活問題（蕭英勵，2009）。

　　資訊融入教學的主要意義，在於教師教學活動進行時，透過各種資訊電腦軟體的運用，使教學活動更順暢的進行，更能適應學生的個別差異，以更快速的方式，提升教學效果。

(二) 資訊融入教學的軟體

　　資訊融入教學主要用意，在於透過各種電腦軟體的運用，強化教師教

學效果，並提升學生的學習成效。一般使用的資訊融入教學軟體，簡要說明如下（蕭英勵，2009）：

1.文書軟體

目前市面上常見的文書軟體有Microsoft Office與OpenOffice.org等，文書軟體（如：Word或Writer最常用來編排文件）、簡報軟體（如：Powerpoint或Impress）多出現於會議上，用來呈現企業組織、政府單位、學校機構等、敘述經營概況、績效與產能之報告內容，報告人透過多媒體來整合文字、聲音、影片與動畫，加深聽眾的印象，以條列大綱說明與重點歸納，清楚交代報告人的重點。

2.動畫影片

教師在進行教學活動之前，先播放一段教學影片，透過提問策略，以引發學生的學習動機。教師運用多媒體影片與動畫，在於能加強學生的知識概念，透過連續動作來補足文字敘述的不足（例如：物理的力學原理，透過動畫即可清楚呈現運動方向；地震學家蒐集百年的全球地震數據，研發一套全球地震模擬軟體，透過動畫將百年的地震具體呈現），最常被教師用來進行資訊融入教學的工具之一。

3.網頁軟體

目前市面上的網頁製作軟體為Microsoft Frontpage、Macromedia Dreamwaver、Flash、Nvu等，網頁製作軟體在於能結合文字、聲音、影像、動畫等結合，上傳伺服器後，並能提供各界觀看與分享。教師需教導學生禁止將色情或暴力圖片等上傳網站，也不能隨意下載版權音樂，以遵守現有法令規章。

4.自由軟體

教師教學活動實施中，最常使用的軟體如：OpenOffice.org文書處理軟體、Nvu網頁製作軟體、Tuxpaint繪圖軟體、Gimp影像編輯軟體、Firefox網頁瀏覽器等，豐富了學校資訊教育的內涵。教育部著眼自由軟體的趨勢，推動自由軟體學校之專案計畫，鼓勵臺灣中小學教師成立研究社群，共同研發適合學校使用之應用軟體。

5.互動式電子白板

互動式電子白板（Interctive Electronic WhiteBoard, IWB）利用USB與電腦連線，並使用單槍投影機投射於白板上，並配合電子白板相關應用軟體，電腦同步顯示電子白板書寫的內容，電子白板內建了數位互動之功能，模擬滑鼠的方式可進行線上修改、同步顯示、儲存與匯出教學資料。

㈢資訊融入教學的有效策略

學校在實施資訊融入教學的有效策略，簡要分析說明如下（蕭英勵，2009）：

1.從教師最熟悉的學科教學活動開始

學校與其用「由上對下」（top-down）的教育政策規定教師運用資訊科技的方針，不如用「由下發展」（bottom-up）的推動模式，以教師現有的學科教學活動為主，尋找整合的數位教學資源，觀摩教師將資訊科技融入教學的實務經驗與作法，建立起使用資訊科技之信心與態度，引導教師成功地將資訊科技融入教學活動。

2.以「證據本位」推展資訊融入教學活動

學校應該以真實的資訊融入教學的行動，來取代教案競賽或抽象的指標，結合「證據本位研究」（evidence based research）與「教學檔案取向」（portfolio approach），以學校為本位的資訊融入課程教學模式，請種子教師進行教學活動過程反省，並提出詳細之資訊融入教學步驟，將成功的資訊科技融入教學模式推展到學校其他班級，成為學校教師使用資訊科技融入教學的參考方針。

3.提供真實情境讓學生整合科技與知識

教師要營造一個學習情境讓學生能轉化所學的知識，實際地用來解決日常生活所遭遇的問題，學生不僅能將所學知識與生活經驗結合，在學校內認識花草植物等，更能用來解決社區、居家生活周遭環境的問題，運用資訊科技與課程知識來提出一套解決的策略。

㈣**資訊融入教學的教學想像**

1.網際網路的教學理想

網際網路的便利為教師的教學帶來不一樣的效果，教師可以在教室教學中，隨時依據需要，將網際網路的資源下載，成為教學實施的素材。透過網際網路的連結，可以引導學生走出教室、走到全世界，並且將全世界的各種資源，在教室教學中呈現。教師在運用網際網路於教學活動中，要切記避免「被網路綁架」現象，從教學「主導的角色」轉而成為「教學被動」的角色。

2.教學上的改變

儘管網際網路為教師的教學，帶來無限的希望和無限的樂趣，但教師在教學中，仍不宜過度依賴網路教學，或是因為網路教學而影響師生之間的關係。教師在運用網際網路教學時，應該注意下列幾項原則：

(1)透過網際網路帶領學生探索網路世界的各項知識。

(2)教師應該明確的讓學生瞭解網路的運用倫理和習慣上的問題。

(3)明確讓學生瞭解過度依賴網路學習的後遺症。

(4)網路上的資訊有其重要性，也有不當之處。

(5)避免因為網際網路教學，而影響正常的師生之間關係。

(6)網際網路的運用應該避免在教學中「本末倒置」或是「取代教學的現象。

七、有效運用圖書室的資源

「圖書室是學校的大腦，教學要善用圖書室資源」
「教師應指導學生運用圖書室的資源，透過圖書室資源運用輔助學習」

圖書室是每一所學校的重要資源，素有學校教育的「大腦」之美稱。依據相關的統計和研究資料，指出目前國內的中小學，在圖書設備方面已經達到高水平。因此，教師在教學中應該將圖書室的設備，納入教學活動設計中，擴充教學資源的種類與來源。

㈠讓圖書室成為教師教學資源

近年來，由於學校教育的受重視，圖書出版快速成長的關係，國內幾乎每一所中小學的圖書室，在設備與藏書方面，具有相當程度的數量和水準。然而，在充實圖書室設備的同時，教師是否可以將圖書設備納入教學的考量，或是教師是否可以充分運用圖書設備，成為備受關注的焦點。國內大部分的縣市首長，已經要求中小學的圖書室，宜提升到「誠品書局」的水準，並且要求教師要透過各種課程與教學實施，加強學生在圖書設備上的應用。

㈡圖書室資源的有效應用

傳統的觀念，認為學校圖書室，是學生課餘時間充實語文或閱讀的地方。因此，學校圖書室與教師的教學活動，關聯性不大且不受到教師的重視。只要任何設備或制度，不受到考試與教學的青睞，就容易成為學校設備中的附屬品。因此，教師應該在課程與教學實施中，將學校圖書室的資源納入班級教學中。有關學校圖書室資源的有效運用，下列項目提供讓教師參考：

1. 熟悉圖書室資源運用的相關訊息。
2. 認識圖書室的參考工具與網路資源。
3. 瞭解圖書的分類編目和查詢。
4. 透過圖書資源的運用進行閱讀教育素養。
5. 引導學生如何閱讀各類型圖書與文本。
6. 瞭解閱讀的多元呈現方式。
7. 培養資訊檢索能力。
8. 透過閱讀資訊利用進行實例方面的分享。

㈢以圖書室為教學設計的核心

學校圖書室的資源設置，應該配合學校課程與教學上的需要，隨時透過各種方式加強圖書設備，以加強教師班級課程與教學的實施。教師應該在班級教學中，設法將圖書室列為教學設計的主要核心，培養學生「喜歡閱讀、熱愛閱讀」的習慣，透過各種圖書設備的有效運用，加強學生的閱

讀習慣，並進而強化「識字量」與「閱讀理解」能力。

1.每週排定上圖書室的課程

教師應該在班級課表中，每週至少排定一節以上的時間，讓學生可以上學校圖書室，進行閱讀課程或上圖書室閱讀自己喜歡的書籍，以強化學生對學校圖書室的認識。

2.培養學生查詢資訊的習慣

在課程與教學設計中，將各種圖書室的資源，納入學生的學習課題中。例如：在課程與教學中，要求學生必須到學校圖書室，查詢相關的資料並註明「圖書出處」，以強化學生查詢資訊的習慣。

3.進行主題式分組探究課程

教師可以設計主題式的學習，並要求學生以「分組合作學習方式」完成教師指定的作業，透過主題式的探究，學生必須利用學校圖書室的圖書，或是學校圖書室的資源，查詢相關的資料。例如：教師要求學生建立「臺南有名小吃資料庫」，並透過分組合作學習的方式，完成主題報告。

4.依據學生能力進行圖書分類

教師想要加強學生對學校圖書的閱讀，就應該要分工合作，將學校圖書室的藏書，依據不同年級和年段的學生，將圖書作分類以方便學生借用。如果時間允許的話，可以配合「學校志工」將圖書作分類的工作，以方便不同年級的學生借閱。

5.運用行動圖書館的理念

行動圖書館的理念，是將學校適合各年級學生閱讀的圖書，以「行動圖書車」的方式送到各年級的走廊，方便學生利用下課或課餘時間，進行圖書的借閱或還書的手續。

6.建立各種鼓勵「閱讀制度」

想要學生養成良好的閱讀習慣，並加強閱讀理解能力，學校應該結合所有的教師，建立「鼓勵閱讀制度」，並且請教師在班級適當時間宣導。例如：讀五十本課外書有什麼獎勵？讀一百本課外書有什麼等級的鼓勵等。學校也應該針對學生的需要，選出一百本課外閱讀書本，鼓勵學生閱讀課外讀物。

㈣圖書室的運用在教學上的想像

1.圖書室運用在教學上的理想

學生的閱讀理解和識字量，影響學生各學科領域的學習，缺乏以良好閱讀習慣為基礎的教學，無法在教學中提升學生的基本能力。學校圖書室被譽為「教育的大腦」，因此想要提升教師教學品質，就必須加強心臟的基本功能，強化心臟的運轉能力。鼓勵學生愛上學校圖書室，善用學校圖書室的資源，不管學校是否有「誠品等級的圖書室」，都可以讓學生從愛閱讀中，養成一生的閱讀習慣。

2.教學上的改變

教師的教學活動，應該充分運用各種學校的資源，透過資源的彙整運用，隨時提供學生學習上的補充資料。教師同時應該指導學生，學習不宜被限制在教科書中，應該擴展學習到各個視野。圖書室的運用，在教師教學上的改變，建議如下：

(1)在班級經營中建立「班級圖書室」，提供學生學習上的需要。

(2)建議班級學生家長將家裡的圖書借到教室中，可以和其他同儕進行閱讀上的分享。

(3)教師應該針對學生的身心發展階段，篩選適合學生閱讀的圖書並建立借書制度。

(4)每週至少利用一節課時間，帶領學生到學校圖書館進行借書與閱讀課程。

(5)教師可以結合學科領域的教學需要，設計以主題為主的學生研究課題，讓學生可以在學習中運用圖書資源。

(6)在班級建立「學生個別閱讀存摺」，以鼓勵學生到圖書室（館）進行閱讀。

(7)隨時更換班級的圖書設備，並且結合學校的圖書室借用制度。

(8)在學期結束前，利用時間讓學生分享本學期上圖書室的紀錄。

八、教導學生檢視課程偏見的教學

「很多事情看到的是事實，可是忽略的會是真相」
「課程中所呈現的事物，背後蘊藏特定的價值觀」

偏見的存在部分是「意識型態」使然，部分是生活當中對於人事物視為「理所當然」或「習焉不察」的態度。教師教學活動的進行，主要是依賴教科書而進行教學，大部分的教科書在內容方面，都是正向表述知識學習的方式。然而，教科書中的偏見問題，是學校教育中比較容易被忽略的一環。

㈠檢視教科書中的偏見問題

1.僵化的教材

教科書中的教材內容，常常偏向於僵化的教材，教材無法及時反應現實社會。例如：對白人男孩的描述通常是英勇的、積極的和成功的；其他膚色種族的男孩與女孩則通常被描述成處於被動與依賴的情況。

2.無形文化與性別偏見

教科書中無形的文化與性別偏見，也可以在教材中被發現——例如教科書的內容或插圖也經常輕易地忽略對有膚色女性及族群的關照，或是對於少數族群文化的忽略，或視而不見的現象。

3.族群議題的問題

教科書的教材內容，對其他族群的議題與問題甚少提及，經常只關注到某一個面向。例如：近年來臺灣的新移民現象、多元族群的問題等方面議題的忽略。

4.缺乏真實客觀性

教材內容為了避免爭議，有時候會出現不符合現況的生活圖片，例如歸納出現代人口組成的情況主要為核心家庭模式，但真實的情況是，人口的組成以單親家庭或帶著孩子另組成新家庭的情況居多。

5.缺乏完整資料的呈現

教科書中對某些少數族群的認識，在教材中是片斷的、不完整的，通常是已被拆解過的知識。顯現出在主流趨勢中，少數團體的貢獻被認為是不重要的、膚淺的。

6.各種形式上的偏見

教科書中各種形式上的偏見，例如語言中的性別偏見——用he代替he/she而不加以區隔；以mankind代表人類。這類的詞語其實應該是可以輕易地被糾正過來的。

(二)教學設計上的處理

學校課程內容的各種偏見問題，在教師教學過程中，很少被單獨挑出來作為課程與教學設計的重點。為了避免學生從學校生活中，窄化自己的思想視野，教師應該將課程中可能出現的「偏見問題」，作為教學設計的重點。有關檢視課程偏見的教學設計，可以考慮採用下列原則：

1. 對於僵化的教材採用多元的詮釋方式。
2. 在教學舉例中說明插圖和課本文字的意義。
3. 將多元族群納入教學活動設計中。
4. 請學生蒐集和課程有關的議題資料。
5. 多利用「反思」教學法引導學生多元思考。
6. 提供課程知識的補充資料。

(三)在教學上的想像
1.檢視課程偏見教學的理想

學校教育中依賴的教科書，不管任何版本的課程，難免因為編輯者的立場，或是歷史事件的呈現或詮釋，而出現各種偏見的問題。例如：性別意識型態、政治意識型態、種族意識型態等，會透過各種形式在教科書中呈現。教師的教學活動中，應該透過講解、結構、再概念化等方式，引導學生思考各種事件背後，所要表達的意思。透過「反思型」的學習，瞭解各種課程知識所呈現出來的立場，或是將各種「意識型態」解讀出來，才能在學習中獲取完整的知識，避免被各種意識型態窄化學習上的視野。

2.教學上的改變

學校教科書的內容，並不適任課教師所設計，或是依據教學而撰寫。因此，教科書的呈現內容，難免會有「意識型態」或是特定「價值觀」存在的現象。

(四)檢視課程偏見的教學想像

1.檢視課程偏見的教學理想

意識型態本身並非壞事，而是使用者與理解者和行動者，用什麼樣的心態，運用意識型態。教學活動無法完全免除各種意識型態，擺脫意識型態的影響。教師可以在教學活動設計中，思考如何引導學生檢視課程偏見的問題，透過對於課程偏見的理解，將各種負面的偏見影響降到最低。

2.教學上的改變

教師應該在教學中，避免成為意識型態的附庸，或是特定價值觀的宣導者。因而，教師在教學方面的改變，可以考慮作下列的調整：

(1)教師應該讓學生瞭解「並非所有課本內容寫的都是對的」。

(2)教師應該在教學中考慮針對課程呈現的知識或現象，提出不一樣的觀點或是看法。

(3)教師應該利用時間教導學生「同一事件不同立場」的存在現象。

(4)利用不同報社的報紙，引導學生分析對同一事件的報導內容。

(5)教師可以設計「同一事件、不同描述」的教學活動。

(6)教師可以指導學生分析不同年代教科書內容的呈現方式。

(7)教師宜蒐集不同年代的教科書，對於國家社會事件或歷史事件的描寫，引導學生瞭解「意識型態」的意義。

(8)運用「吳鳳的故事」講解歷史曲解的相關概念。

第四章

教與學「贏的策略」
藝術與想像

　　傳統的教學環境，強調的是教師教學能力的展現，以及學生學習效果的提升。因此，傳統的教學培養出來的學生，比較偏向墨守成規、遵守規定、守成有餘，但創意不足的學生。學校教育如果想要培養具備創新能力的學生，就必須從教師的教學著手，提供教師培養創新能力的教學方法，鼓勵教師在教學活動進行中，加入新的元素，將培養創新能力的方法融入教學中，引導學生不斷地學習嘗試。好的教學活動，不僅重視教師教學「贏的策略」，也要同時重視學生學習「贏的策略」。

　　本章的主要意義，在於說明教與學贏的策略藝術與想像，提供教師培養創新能力的策略想像，引導教師在教學活動中，善於運用培養創新能力的教學，從改善教學中引導學生培養創新能力。在內容方面，包括以科學為基礎的教學藝術、培養創新能力的教學、創意教學的實施與應用、教師充滿挑戰的一天、教師的教學思考和決定、經驗及能力在教學上的意義、教學策略的思考與應用、多元智能的教學與應用等單元，從教學的科學與藝術出發，探討教師的教學思考與決策，希望在傳統的教學中，加入創新能力的元素，讓教師的教學能激發出新的思維，以達到「教」與「學」雙贏的理想。

一、以科學為基礎的教學藝術

　　教學活動究竟是一種科學，或是一種藝術，或是二者兼具，從事教學研究者與教學實務工作者，有不同的見解和看法。由於教學是一種複雜的活動，涉及教師和學生之間的互動，以及影響教學成效的各種內外在因素，因此有需要針對教學的科學與藝術進行學理方面的探討。

㈠教學的科學意涵

　　科學是指有系統、有組織的學科而言，注重實證的精神，科學是一種追求真、系統化、組織化、客觀性高，以預測與控制的活動。由科學的意涵分析教學活動，則教學應該具備可預測性，透過各種教學的科學系統與方法論，規劃教學活動並付諸實現，透過教學評鑑可理解教學目標達到的程度（林進材，2011）。因此，教學活動應該是具備科學的精神和意義，

透過科學意涵展現出教學具備的特質。

㈡ 教學的藝術意涵

藝術基本上是屬於一種創作的活動，其目的在於追求主觀意識的美，在使個體達到賞心悅目，有賴於直覺與靈感，所要達成的境界相當難以預測。藝術是屬於欣賞，而理解部分比較少，個體的主觀意識比較強，主體意識較濃厚。教學活動的實施，是在複雜的情境之下進行，希望學習者可以達到真善美的境界（林進材，2011）。

㈢ 以科學為基礎的教學藝術

教學的科學與藝術意涵，包含教學活動的主觀與客觀層面、教學活動歷程的精確性與不可預測性。教師如果想要達到預期的教學目標，就必須在教學的科學與藝術層面，發揮自己的專業能力，融合教學的科學與藝術。

有關教學的科學與藝術，Gage（1978）在其著作《以學科為基礎的教學藝術》（*The scientific basis of the art of teaching*）一書中指出，教學活動的最高境界是達到藝術之境，但必須以堅實的科學為基礎，而真正想瞭解教學的意義或成功地從事教學者，必須以堅實的科學為基礎，才能達到教學的藝術境界。

㈣ 教師的教學科學與藝術

教師想要在教學活動中，達到成功的境界，除了在教學經驗的累積、教學能力的培養、教學專業的陶冶之外，應該從教學的科學基礎開始，將教學理念與技巧，試著透過科學的「方法論」融入教學中，以系統化、組織化、效率化等步驟，慢慢地使教學活動達到成功的境界，並進而達到追求藝術「求真、求善、求美」的境界。教師的教學首要瞭解「想要達成的目標」，針對教學目標進行「科學化」的分析，針對教學目標選擇適合的方法，並針對想要達成的「真、善、美」境界而努力。

㈤ 教學的科學與藝術想像

教學活動除了是一種複雜的歷程之外，也是一種在各種情境脈絡下進

行的活動。教師應該要有把握將複雜的教學活動，從運用科學方法論爲起點，將每一次的教學活動，透過專業技術與專業素養的展現，將教學活動實施達到藝術的境界。

二、培養創新能力的教學

「創新能力的培養來自對傳統現象的想像」
「創新能力需要透過課程與教學實施培養」

　　傳統的學校教學，想要培養創新能力的學生，是相當不容易的。想要培養學生的創新能力，除了要瞭解人類的生理與心理主要功能，還要瞭解一般教學法無法培養創新能力的原因，並且參考阻礙創新能力的因素，進行創新能力培養的教學設計，並且付諸實現。

㈠左右腦的功能
1.左腦的功能
　　依據相關醫學報導，人類的左右腦功能差異性相當大（參見圖6），人類的左腦功能，包括：(1)邏輯思考；(2)連續；(3)語言能力；(4)直線；(5)分析能力；(6)理性思考；(7)明確等。
　　2.右腦的功能
　　人類右腦的功能，包括：(1)直覺能力；(2)非語言能力；(3)視覺；(4)空間；(5)創造力；(6)藝術性；(7)幽默等。

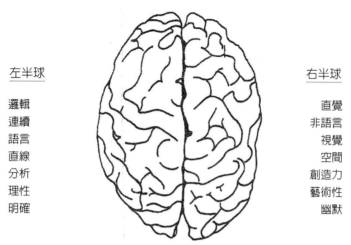

左半球

邏輯
連續
語言
直線
分析
理性
明確

右半球

直覺
非語言
視覺
空間
創造力
藝術性
幽默

圖6　人類左右腦功能圖

3.學校教育的重點

依據相關的研究指出，右腦的功能是學校教育中，比較會被忽略的部分。換言之，創造力的培養是學校教育中，不受到重視的一環。學校教育的實施，應該要重視個體的直覺、非語言、視覺、空間設計、創造力、藝術性和幽默感等方面能力的培養。

㈡創新能力的意義

創新能力是一種態度，一種能力的表現，創新能力包括想像力和創新思維能力，創新能力的培養教育，必須同時重視想像力和創新為能力的培養。學生創新能力的培養，應該從擴散性思考與聚斂性思考的協同作用著手。傳統教育的實施，重視的是聚斂性思考的訓練，學生無法發揮擴散性思考的作用。

㈢阻礙創新能力的因素

創新能力的培養，必須從家庭、學校、社會等三個層面，積極配合進行才能收到預期的效果。阻礙創新能力培養的學校因素，包括：1.過於重視紀律和規範；2.不容許學生的超越常軌的表現；3.過於重視一般學科成

績；4.教學活動過於重視僵化；5.統一的標準或規格式的答案；6.定期考查評量題目僵化；7.過於重視認知記憶之背誦；8.輕理解應用與分析敘述等高層次的思考。

㈣培養創造力的教學

教師想要培養學生創造力思考，可以考慮下列原則的運用：

1. 尊重與眾不同的疑問

教師想要培養學生的創造力，除了要尊重學生與眾不同的疑問，也要鼓勵學生隨時提出自己的疑問，並針對學生提出的疑問進行分析，或請學生分析自己的疑問重點所在？提出疑問的主要原因。

2. 重視與眾不同的觀念

當學生提出與眾不同的觀念時，教師不可以直接給予否決，應該先給予適當的鼓勵，並且請學生分享不同觀念的重點。透過分享過程，請全班學生提出自己的疑問。

3. 要求學生證明自己的觀念有價值

教師可以在學生提出與眾不同的觀念時，要求學生針對自己的觀念，提出各種科學數據或相關的理論，證明自己的觀念是有價值的。

4. 提供更多的學習機會

創新能力的培養，需要擁有更多的學習機會，在教學活動進行時，教師應該提供給學生更多的學習機會，尤其是嘗試錯誤的機會。有了嘗試錯誤的機會，才能面對錯誤、修正錯誤，並從錯誤中學習的經驗。

5. 給予學生表達自己意見的機會

創新能力是一種態度，也是一種特質，但需要後天教育給予培養。教師應該在教學進行中，給予學生表達自己意見的機會，透過表達將心中所想的概念，在班級教學中和同儕分享。

6. 使評價與前因後果連接起來

評價與前因後果的連結，是一種邏輯觀念的訓練，透過邏輯方法的訓練，有助於培養學生的創新能力。

(五) 創新能力培養的教學想像

1. 創新能力培養的教學理想

創新能力的培養，必須透過縝密的教學設計，加上教師教學觀念的改變，才能從教學活動的實施中，慢慢培養學生的創新能力。因此，教師的教學觀念要先進行改變，改變自己的教學思維，改變自己的教學方法，改變自己的教學步驟，改變自己的傳統觀念，才能在未來的教學中，不斷地培養創新人才。

2. 教學上的改變

教師想要培養學生創新能力，必須在原有的教學模式中，將創新的元素加入教學活動中，透過創新教學活動的實施，引導學生在原有的學科領域知識體系，作不一樣的思考、不一樣的模擬。因此，創新教學能力的培養，需要教師進行下列的改變：

(1) 各學科領域的教學，應該提供學生創新思考的機會。

(2) 常常問學生「還有什麼不一樣的想法」、「除了這個方案之外，還有其他的看法嗎？」。

(3) 教師應該檢視教科書中的知識，是否有過於武斷之處。

(4) 單元教學結束前，教師應該提供學生發表自己看法的機會。

(5) 教師應該經常與學生分享「創意的點子」。

(6) 在學科領域教學中，教師應該讓學生提出不同的看法。例如：數學的計算除了教師提供的方法之外，是否有其他不同的算法。

三、創意教學的實施與應用

「創意來自於海闊天空的想像」
「創意來自於原有傳統的更新」

創意教學是一種有別於傳統教學法的教學策略，此種教學法鼓勵教師在教學實施過程中，應該因時、因地、因人、因事、因物而改變自己的

教學方法或教學策略，以達到教學目標。有關於傳統教學與創意教學的差別，例如傳統教學法以教師為主體，決定教學的一切；教學技術仍重於教學藝術層面、新教學法仍無法見容於教學中；教學評量仍採統一的標準、教學場地仍限於教室中；紙筆測驗仍居於主導地位、群性教學仍勝於個別化教學等。

創意教學不僅僅有別於傳統教學法，創意教學同時要求教師的教學活動，應該要針對學生、學校、家庭、社區等各方面的需要，調整教學法以符合各方面的需求。創意教學法的實施有別於傳統教學，在教學理念與教學方面層面，創意教學提供學生在學習方面的多重選擇，以更具有多元化、樂趣化、資訊化、統整化的方法，引導學生進行學習活動。

㈠ 創意教學的意涵

創意教學的意義是指教師在教學實施過程中，依據創造和思考發展的學理和原則，在教學中採取各種方法或策略，作為啟發學生的創造力、思考能力目標的一種歷程（林進材，2010）。創意教學法的採用，不限定於某一種特定的教學方法，而是教師針對學科性質、學習者的需要，融合各種創造思考的原理原則，而設計的教學活動歷程。

創造思考教學至少應該包含二種層面的意義：第一，代表教師教學活動本身的改變，從課程與教學設計的觀點分析，創意教學是教師從教學活動中，作策略、方法、內容、方式的調整；第二，代表學生學習內容的改變，從學生學習策略、內容、方式調整教學活動（林進材，2012）。

㈡ 創意教學的特質

創意教學和一般傳統的教學實施，不管學理基礎、教學方法、教學策略等，都有不同之處。它是奠基於教師對於教學本身需要改變之處，以各種適合學生身心發展的策略，激發學生的學習興趣、學習動機、學習特質等，希望達到預定的教學目標。創意教學的特質，包括下列幾點：

1. 重視學生思考能力的培養。
2. 自由輕鬆的學習氣氛。
3. 高層次認知能力的培養。

4. 強調學生的個別差異。

5. 重視自動自發的學習態度。

6. 激發學生的學習潛能。

創意教學的實施，需要從事教學者的教師，發揮教學專業能力，從課程與教學內容的改變到教學活動的計畫等，針對創意教學的特質進行實質上的教學改變。

(三) 創意教學的原則

創意教學的實施，不管在中小學教育或是不同學科進行時，有一些基本的原則可以作爲參考（林進材，2011）：

1. 支持學生不同的反應與回答，容許學生提出獨特的意見和想法。

2. 接納學生的錯誤及失敗，引導學生從錯誤中學習成長。

3. 適應學生的個別差異，尊重學生的興趣和各種想法。

4. 提供學生思考的時間，引導學生做充分時間思考並提出作品。

5. 營造相互尊重接納的氣氛，避免各種獨斷的價值判斷與批判。

6. 察覺創造的多層面，重視情意態度的培養。

7. 鼓勵課外的學習活動，對於有興趣的事物做進一步探究。

8. 重視傾聽與接納，接納學生的反應並與學生進行討論。

9. 強調學生的學習決定，讓學生在學習歷程中具有決定權。

10.鼓勵學生參與各種活動，並針對活動提出自己的觀點和想法。

(四) 創意教學的應用

一般而言，創意教學的應用，可以從課程與教學的內涵與形式，做各方面的改變，才能在創意教學上收到預期的效果。創意教學的應用包括五個層面的改變：

1.教師教學觀念的調整

創意教學的應用首要教師本身在觀念的改變，作適當的調整。摒除傳統各種有礙創造思考教學的因素，以開放的心胸接納新穎的教學理念，嘗試各種創意的教學策略，激發學生在學習上的好奇心與興趣。

2. 課程與教學內容的改變

教師在教學歷程中，專業能力的開展來自於對課程與教學的熟悉，同時透過各種方式將形式課程轉化為學生可以理解的實質課程。因此，創意教學在課程與教學內容方面，以不改變原理原則與知識結構為主，採用多元的策略，提高學生的學習參與。

3. 教學方法的改變

創意教學的實施重點在於教師交相運用各種教學法，有效達到教學目標。因此，在教學法的運用方面，教師必須針對教學歷程中的各種需求，衡量課程與教學本身的特性，採用適當的教學。在教學方法方面，必須作各種調整，提高學習效果。

4. 教學科目的融合調整

創意教學強調學科與學科之間的相互調整與融合，如在語文教學中融入數學的概念，在自然與生活科技中融入人文精神等。因此，教師在實施創意教學時，必須以統整課程的理念，將各學科之間的知識結構、內容知識、原理原則，做有效的整合，以學科融合方式，提供學生各種創意的學習。

5. 教學場所的改變

傳統的教學將學習侷限於固定的場所，教室成為學習唯一且重要的場所。創意教學在場所的規劃方面，強調學習無國界、學習不限場地、學習不限方式、學習不限途徑的理念。

(五) 創意教學的程序

創意教學的實施，其實和一般傳統教學的實施是一樣的。不過，創意教學的實施程序包括五個重要的程序：

1. 選擇適當的問題

教師在進行腦力激盪前，應該針對學生的學習內容，擬訂或選擇適當的問題，提供學生進行創造思考以尋求解決的方案。學習問題在擬定之後，教師應該事先讓學生瞭解，以便提早蒐集資料，並作各種學習上的準備。

2.組成腦力激盪小組

教師將各類問題揭示之後，將學生依照學習性質分成學習小組，在人數方面，每小組人數至少5至6人，以10至12人爲理想。小組成員以男女混合爲原則，以不同的性別提出各種想法。小組組成之後，由教師或學生互選一名比較有經驗者擔任小組負責人。

3.說明應該遵守規則

在腦力激盪教學實施時，教師應該要向學生說明應該要遵守的規則，例如不批評他人的構想、成員提出的構想愈多愈好、小組成員盡可能提出不同的構想等。

4.進行腦力激盪

腦力激盪活動進行時，主持人必須將所要解決的問題重新再敘述一遍，或是將問題寫在黑板上，讓小組成員能隨時注意問題，使學習不至於偏離主題。每個學習者在提出新構想時，主持人要將構想記錄下來，並適時地進行編號，將所有構想統整起來，作爲討論的參考。

5.評估各類構想

進行腦力激盪時，學生提出各類新的構想，教師必須指導經由評估找出好的構想。評估的方式由全體成員進行評估，教師或主持人將整理歸納的新構想列一清單，讓每一位成員瞭解，並選出最有價值的構想。主持人在評估活動結束時，依票選結果選出較佳構想供大家參考。

㈥創意教學注意事項

創意教學的實施與一般教學的差異性相當大，因此教師在使用時必須瞭解注意事項，做正面的引導，才能發揮創意教學應有的成效。一般創意教學應該注意事項，包括學習指導和發問技巧方面：

1.學習指導方面

(1)教師應該多提些開放性問題，避免單一答案或固定答案的問題。

(2)教師在處理學生問題或回答問題時，應該儘量接納學生不同的意見，減少作價值性的判斷。

(3)教師對學生的錯誤經驗，應該避免指責，以免學生喪失自信心或

因而退縮。

(4)教師在指導學生從事腦力激盪時，要注意運用集體思考型態，引發連鎖性反應，以引導出具有創意性的結論。

2. 發問技巧方面

(1)多提或設計增進學生「比較」能力的問提或情境。

(2)多提或設計增進學生「分析」能力的問提或情境。

(3)多提或設計增進學生「想像」能力的問提或情境。

(4)多提或設計增進學生「綜合」能力的問提或情境。

(七)創意教學的教學想像

創意教學的實施，在中小學教育場所中，是一般教師比較不會採用的教學方法，主要的原因在於中小學的教學負擔重，教師準備創意教學需要比較多的時間，並且考量實際的教學需要，因而比較少被採用。教師在採用創意教學時，必須先將學生要學習的科目、課程內容、原理原則、學習素材預先做整理，以問題形式呈現出來，設計各種問題解決的教學情境，激發學生的學習參與。

四、教師充滿挑戰的一天

教師在學校忙碌的一天，究竟都在做些什麼？教師的這些工作，對教學活動的實施都有積極的意義嗎？如果教師可以免除各種雜務上的忙碌，是否對於教學活動有更積極的意義。

(一)不同學校的一天時間表

Goodlad在其重要的著作《一個稱為學校的地方》（*A place called school*）中提及學校生活中的時間因素，可用的時間因素為學習提供基本的架構，而如何使用時間就成為學生學習成果的重要因素。許多研究證明，善於運用時間對於學生的成就有顯著的貢獻（白雲霞，2008）。

表4　不同學校用於教學、日常事務、行為控制和社會活動的時間（各校平均比）

	教學	日常事務	行為控制	社會活動
小學（1-3）	73.22	18.99	5.52	2.27
小學（4-6）	72.89	20.71	4.39	2.01
國中	77.42	18.02	2.88	1.68
高中	76.12	20.39	1.29	2.20

　　由上述的表得知，在學校生活當中，有關時間的使用，教學活動占用的時間比較多，其次是日常事務、行為控制，最後為社會活動。因此，教師在教學活動期間，是否能有效地運用時間，使教學活動更為精緻，對學生的學習影響是比較深遠的。另外，在行為控制方面，小學階段使用的時間比率和國中、高中相比明顯得多了。換言之，小學教師在學校生活中，時間花在學生行為控制上的比率，比國中、高中階段的教師還要高。

（二）教師忙碌的一天時間表

　　依據學校觀察研究指出，中小學教師的一天時間是相當忙碌的，請參考下頁表5教師忙碌的一天時間表。因此，教師在每天的例行公事中，如何有效地運用時間，處理班級學生的各種事務、學校行政運作需要的配合事項，成為教師教學的前置作業。善於運用時間、管理時間的教師，會透過各種策略的運用，降低時間對自己的壓力，同時透過策略的運用，使教學活動進行的順暢。由表5中，可以想像教師在學校的生活中，是相當匆忙且緊湊的。教師除了忙於固定的教學活動之外，還要處理學生的各種生活事件，處理因為教學活動所延伸的各種事件（例如改作業、訂正錯別字等）。因此，教師必須在忙碌的一天中，有效地運用各種時間管理策略，才能效率且精準地處理學校的各種事件。

（三）高效能教師的時間管理

　　學校的生活是相當忙碌的，需要教師高智慧的配合行動，才能降低時間對教師的壓力，如果教師無法有效率的運用時間，則在學校生活中容易因為時間因素，而導致教學上的挫折。教師在學校生活中，應該將學校的

表5　教師忙碌的一天時間表（以小學教師為例）

07:30以前	教育部規定，小學學生07:30以後到校（理想狀況）
07:30～07:50	晨讀時間、檢查作業、處理學校行政事務、收各種資料
07:50～08:10	教師晨會、各項政令宣導、各處室報告、教師相互聯繫
08:10～08:40	升旗典禮
08:40～09:20	第一節課教學
09:20～09:30	下課時間、教師處理學生事務、檢查作業、班級管理
09:30～10:10	第二節課教學
10:10～10:30	課間活動時間、檢查學生作業、班級管理、處理學校事務
10:30～11:10	第三節課教學
11:10～11:20	下課時間、教師處理學生事務、檢查作業、班級管理
11:20～12:00	第四節課教學
12:00～12:50	學生午餐時間、午餐管理
12:50～13:20	學生清潔活動時間
13:30～14:00	第五節課教學
14:00～14:10	下課時間、教師處理學生事務、檢查作業、班級管理
14:10～14:50	第六節課教學
14:50～15:00	下課時間、教師處理學生事務、檢查作業、班級管理
15:00～15:40	第七節課教學（含放學前指定作業、寫家庭聯絡簿等）
15:40～16:00	放學前清掃活動時間
16:00	放學
16:00以後	處理當天未完成的學生事務、進行親師溝通等
回家時間	未定

學年行事曆、學期行事曆，納入班級時間管理當中，透過檔案的建置、例行公事的處理、專人專責的方式，處理教學時間外的各項行政業務，才能提高教師的教學效能，降低時間運用對教學的負面影響。

㈣時間管理在教學上的想像

1. 時間管理的教學理想

雖然時間的運用如何影響教學品質，在教學相關研究中並未直接指

出來，但有不少的教師，因為時間的運用不當，或是時間管理的問題，影響正常教學活動的進行，進而影響學生的學習品質。教師在進行學年計畫（或學期計畫）時，應該將時間因素納入教學活動設計的考量中，將學校的各種行事曆與行政上的要求，建立檔案並形成計畫，以便在未來的班級教學中，有效率的運用並完成學校的行政要求，進而降低對教學品質的影響。

2. 教學上的改變

教師在忙碌的學校生活中，要如何管理時間，透過時間管理運用，完善處理各種學校課題，需要教師的智慧與經驗的累積。有關時間管理策略，教師可以考慮下列改變：

(1)將每天的例行公事列表作為時間管理之參考。

(2)教師應該要有作行事曆管理的習慣。

(3)教師有機會應該學習企業界時間管理的策略與方法。

(4)有關時間管理方面的問題，教師應該請教經驗豐富教師時間管理方法。

(5)在時間管理方面，有關學生方面的事務，建議教師將學生作分工分組承擔的方式處理。

(6)教師應該練習時間管理模式，並且思考時間管理欠佳的問題癥結所在。

五、教師的教學思考和決定

「教師的思維活動影響教學決定與效能」
「教師想要提升教學效能必須從改變教學思維做起」

依據相關的研究指出，教師教學的思考與決定，和教師的教學行為有相當密切的關係（林進材，1996）。研究指出，教師在教學前、中、後對教學的思考會影響教師在教學中，如何作教學決定、如何處理學生的學習行為，並修正自己原先設定的教學計畫。

㈠研究一：閱讀與數學課程教學前的決策

1. 研究目的

調查在閱讀與數學領域上，學生相關線索、教師信念和課程形態在教學前置決策中的影響。

2. 研究對象

任教低年段（一年級到三年級）經驗豐富的教師。

3. 研究方法

教育理念問卷→告知學生的相關描述（性別、閱讀成就、數學成就、課堂參與、常規表現）→作判斷→分組→做出教學前決策（計畫達到目標的教學策略、選擇單元教材、選擇後續的活動以提供學生練習、引起動機的時間、評估小組精熟目標的重要性）。

4. 研究發現

(1)教師根據他們最初的判斷中最有相關的一個線索來作決策。

(2)教師的分組策略最初是根據學生的成就，但不同的教師也會有不同的分組策略。

(3)教師在閱讀和數學課程的教學策略決定是基於幾個因素：教育理念、小組的資質、教學目標的類型。

㈡研究二：教學前班級組織及經營的決策

1. 研究目的

關注在教學前班級組織與經營策略的決定模式中，三個關鍵因素（教育理念、學生相關的訊息及教學目標的類型）之影響。

2. 研究對象

任教高年段（四年級到六年級）經驗豐富的教師。

3. 研究方法

教育理念問卷→告知學生的相關描述（性別、學習成就、社交能力、自信心、行為舉止、獨力學習能力）→作判斷→做出教學前決策（班級組織、經營策略及長期教育目標的決定）。

4. 研究發現

(1)教師根據他們對每個學生最初的判斷中最有相關的一個線索來作決策。

(2)在決定判斷時不重要的學生特徵，似乎直接影響了那些對他們來說最有意義的決定。

㈢研究三：有關班級經營的互動決定

1. 研究目的

(1)瞭解在決定如何對學生的偏差行為做出反應時，老師對相關資訊的使用。

(2)瞭解教師的教育理念如何影響這些決定。

2. 研究對象

任教高年段（四年級到六年級）經驗豐富的教師。

3. 研究方法

教育理念問卷→告知他們宣稱發生在特殊教室情境中的一個事件，而這些情境在下列相關資訊上有系統性的不同：五年級閱讀課程的組織結構（大班朗讀或是個別的小組活動）、偏差學生的性別（以較為普通的匿名稱呼）、偏差學生的背景資訊（有無偏差行為的紀錄）及偏差行為的描述（離開座位、製造噪音、發出聲音、及身體上的侵犯行為）→判斷這些偏差行為會打斷課堂教學的可能性→要求提出他們覺得能較有效處理學生偏差行為的經營策略技術的類型。

4. 研究發現

(1)主要結果顯示教師用來判斷中斷教學可能性的原因是偏差學生先前的紀錄。

(2)偏差行為的類型似乎影響了教師的決定，但卻對教學中斷可能性的判斷並沒有太大的影響。

(3)班級管理的決定也似乎被判斷中斷教學的可能性影響，當中斷教學的可能性增加，管理也變得更嚴厲。

㈣ **研究本身的具體意義**

上述有關教師教學思考與決定的研究，將教師的心智生活部分，具體的呈現出來。研究指出二個重要的意義：

1. 教師在作教學決定時，都會依據手邊「最有意義」的資訊進行教學決定。
2. 教師的教學決定與教學行為之間的關係是相當密切的，想要瞭解教學行為的因果關係，就要從教師的思考與決定中探索之間的關係。

㈤ **教師思考在教學上的想像**

1. 教師思考的教學理想

教師的教學行為本身是相當複雜的，想要瞭解教師的教學行為，必須掌握教學行為的內外在因素，以及教學是在哪一種情境脈絡下進行。上述的研究指出，教師的思考與決定是依賴手邊最有意義的訊息，作為判斷外在教學線索的參考。因此，教師應該利用時間反省自己握在手中「最有意義」的資訊，本身是否豐富多元且有助於教學活動的進行，擁有豐富多元的資訊，對教師教學活動的進行，具有正面積極的意義，同時也是提升教師教學效能的關鍵。

2. 教學上的改變

教師的教學行為與教學決定，源自於專業方面的思考，教師的心智生活（mental lives）指的是教師的思考和相關因素。教師在教學前，針對教學活動所做的想象或模擬，都是屬於教師心智生活的一部分。

(1)經常性的進行教學思考與決定方面的檢核。

(2)參考教學經驗豐富（或績優教師）教師，有關教學方面的思考與決定是如何作的？

(3)參考教學績優教師的教學思考與決定的情形。

(4)教師應該在學期中，針對教學活動進行成效方面的自我檢核。

(5)透過教師教學活動的「相互觀課」，可以提出教學思考與決定方面的改進策略。

(6)教師應該利用時間和同儕教師進行教學方面的「同儕視導」，並提出改進意見。

六、經驗及能力在教學上的意義

「經驗僅能培養出照章行事的教師，
反省卻能雕琢出專業自主的教師」

從事教育工作者，都瞭解經驗因素對教學的影響，但是經驗對教學的影響有多大，相關的研究並無直接的證據說明，經驗因素對教學的影響相關程度。本文主要在於說明教師的教學經驗與教學之間的關係，透過相關研究的說明，讓教師瞭解經驗對自己的教學，所扮演的角色和影響力。

㈠經驗使計畫不同的研究

1.研究流程

(1)針對8歲學童教兩節足球和籃球運球技巧課程。

(2)設計60分鐘的課程。

(3)當他們做課程計畫時，要大聲唸出來以方便記載研究。

(4)教學時學生以4人為一組，將課程實施錄影下來。

(5)教師和研究員一起觀看他們上課的情形。教師們告訴研究員他們當時在想什麼和做什麼決定。

(6)研究結果。

①列出數據，有經驗和沒有經驗的教師在決定的過程中，下的決定種類，研究人員將這些大致分成二種：即行動決定、教學決定，這兩種又可分成幾種細項，參見表6和表7說明。

表6　由有經驗的和沒有經驗的教師比較類型的活動和教學策略作出的決定

活動的決定	有經驗	沒有經驗
結構（計畫）	42.6%	54.5%
過程	24.6	28.0
形成	4.9	1.5
時間	9.0	6.8
適應	18.9	9.1
教學戰略決策	有經驗	沒有經驗
管理	13.4%	4.8%
回應	22.8	15.9
說明	7.9	7.9
過渡	5.5	6.4
注意集中	18.9	19.1
教具使用	7.9	7.9
口語指導	19.7	34.9
時間	3.9	3.2

表7　有經驗和沒有經驗的教師在互動式教學類型的線索注意點

線　索	有經驗	沒有經驗
學生表現	30.1%	19.0%
學生參與	27.4	22.6
學生興趣	11.8	27.3
學生需求	3.2	7.7
學生情緒感覺	3.2	6.5
教師情緒感覺	5.3	1.7
其他	19.0	15.2

㈡ 在教學上的重要意義

上述的研究結果，提示教師在教學上的重要意義如下：

1. 有經驗的和沒有經驗的教師在不同類型的線索，他們注意教學的

經驗教訓。

2. 一般的教學進行中，經驗豐富的教師們最關心的是學生的表現。

3. 在教學進行中，缺乏經驗的教師關注學生的興趣和需求。

4. 當計畫時，自然沉浸去想語言上的教育方式，思考多方面的規範和例行公事、給學生回應，和計畫偶發事件。

5. 當教學進行時，教師會比較留意學生表現為基礎用來做當下決定，而不是在課堂中指定學生興趣或和他們交換請求。

(三)教師經驗及能力教學上的想像

1.教師經驗及能力在教學上的理想

教師教學經驗的類型，不在於多寡、好壞、高低，重要的是對教學活動的進行，是否有正面積極的作用。如果教師的經驗豐富，可是對教學活動的進行，產生負面的作用，則此種教學經驗對教學而言是多餘的；如果教師教學經驗有助於教學活動的進行，可以提升學生的學習成效，則教學經驗是正面效益的作用。不管教師的教學經驗豐富，或是初為教師的教學經驗有限，都應該針對班級教學累積對教學有幫助的經驗。

2.教學上的改變

教師在教學活動中，過於依賴經驗與能力，是一般教師最常出現的教學模式，當教師遇到教學難題時，應該從經驗與能力因素，作專業檢討的依據。儘管經驗與能力，對於教師的教學具有決定性的關鍵，教師在教學方面，應該依據實際需要略微改變：

(1)隨時利用時間進行教學經驗的擴充和學習。

(2)經常利用時間觀摩「專家教師」的教學管理。

(3)參考同儕教師的教學活動，作為改進自己教學的參考。

(4)教師的教學思考應該以學生表現，作為教學實施的主要目標。

(5)有關教師互動教學的線索方面的研究，教師應該據以為修正教學的參考。

(6)任何有關教師教學決定的研究，都是提醒教師在教學思考中應有的作法，教師應該要參考改進。

(7)教師應該要隨時學習經驗教師的作法，讓自己在教學中成爲經驗
　　與專家教師。

(8)教師應該利用時間觀賞坊間出版的「績優教學影集」，並作爲改
　　進教學的參考。教學方面的影集，例如「春風化雨影集」、「春
　　風化雨1996」、「遇見一位好老師」等。

(9)任何能改進教師教學的影集，都是教師改進教學的參考典範。

七、教學策略的思考與應用

「策略與方法是決定學習成效的主要關鍵」
「教學除了掌握效能還要顧及策略與方法」

　　教學活動的進行，必須有教學理論、教學方法與教學策略，作爲輔助
之用。教師在教學策略的運用，所選擇的各種策略，如果對教學活動是正
向作用的，教學效能就會提升；反之，則教學效能就會降低。

㈠有效教學策略的意義

　　教學乃是一種「折衷藝術」（eclectic art）也是一種「合作藝術」
（cooperative art）。（陳美玉，1998）無論是教學創新或是教師專業成
長，如果沒有以教師在課室中的優質教學（quality teaching，或品質教
學）爲依歸，則可能使教學創新只重視方法策略或教材教具的變化，卻對
學生從事有意義的學習沒有多大的效益；而教師專業成長活動儘管多元，
卻極少能針對教學重要工作（即學科教學）加以討論與研究、改變與提
升，致使課程的教學轉化和教學改善容易淪爲口號（簡紅珠，2006）。

　　教師如何思考才能決定其如何進行教學，因此，有效教學策略應能包
含改變教師認知，教師角色重新定位，由教師的角度思考，引導教師進行
新課程研發，增權賦能（empowerment）給教師，並協助教師成爲轉化型
知識分子引導教師覺察個人教育信念與教師角色，建立教師專業對機制，
並能將動能帶入教學現場，促進協同合作。

(二)有效的教學策略

優質教學一直是吾人所追求的理想，但「何謂優質教學」卻往往只可意會不能言傳，因而無法理出一種較周全與較清楚的概念架構，引導我們如何評定教學品質和辨識影響教學品質的多元因素。優質教學是良好教學與成功教學的統合，不但對學習者的特質與需求要敏感，同時也必須使學習者學有所成。優質教學也可從教學的邏輯行為、心理行為和道德行為去加以檢視（簡紅珠，2006）。

McHaney和Impey（1992）指出，有效教學必須能提高學生的學習成功。其研究使用臨床視導的模式進行分析和評量，探討教師有效教學包括：1.課程設計和發展、2.教學觀念化策略、3.教學統整化策略、4.問題解決的策略、5.課程教材的呈現方式、6.課外作業的指定策略、7.教學活動經驗的評鑑等。有效教學指標與有效教學策略，請參見表8：

表8　有效教學指標與有效教學策略

有效教學指標	有效教學策略
關鍵行為一：清晰授課	
1. 預先讓學生知道教學目標。 2. 提供學生組織學習內容的技巧。 3. 教學前評估學生的程度。 4. 清楚地指導學生理解內容。 5. 教學內容適合學生程度。 6. 使用實例、圖表及示範幫助學生瞭解。 7. 在每單元結束時，加以統整。	1. 確定與課程配合的行為目標，並在授課開始便告知學生。 2. 分析學習單元所必須的先備知識。 3. 評估學生是否具備學習前的相關知識。 4. 循序漸進指導學生學習教材。 5. 使用標準化測驗來決定學生程度。 6. 歸納學習內容並強調重點。 7. 使用關鍵詞句，來幫助學生有效學習。
關鍵行為二：多樣化教學	
1. 使用吸引學生注意力的技巧。 2. 表現熱忱與活力。 3. 變化課程內容呈現的方式。 4. 善用獎勵及增強的方式。 5. 將學生意見或參與融入教學。 6. 變化問題的種類。	1. 用活動的方式來引導，吸引學生注意力。 2. 有規律的改變說話的速度及音量。 3. 建立每節教學活動的順序。 4. 建立稱讚術語清單，隨時選用。 5. 有時候使用學生的意見來開始教學。 6. 編製與課程配合的行為目標問題。

表8 （續）

有效教學指標	有效教學策略
關鍵行為三：任務取向教學	
1.發展單元計畫，能反應課程特徵。 2.有效處理班級行政事務。 3.維護班級秩序，確保教學時間。 4.針對教學目標選用合適的教學模式。 5.評量單元學習成效。	1.對照單元計畫與課程內容，並與同儕討論。 2.非教學事務，每節不超過5-10分鐘。 3.課堂上僅指出違規行為，懲處則留待課後處理。 4.將課程內容劃分為事實部分及概念部分，分別使用直接及間接教學法。 5.制訂進度表並以明確活動開始和結束。
關鍵行為四：學生投入學習過程	
1.教學刺激後，立即引導所期望的行為。 2.提供學生提出意見的機會。 3.必要時使用個別或小組活動。 4.使用口頭讚美，引導學生投入學習。 5.督導課堂作業，經常檢視進步情形。	1.每單元教學之後安排練習問題。 2.每次指導活動讓學生提出他們的看法。 3.準備個別化教材作為補救性練習。 4.提供口頭讚美以營造溫暖的學習氣氛。 5.學生作業時，巡視並提供相關協助。
關鍵行為五：確保學生成功率	
1.安排的學習內容，能夠反應學生過去的學習經驗。 2.在學生最初回答之後，立即糾正錯誤。 3.配合學生程度，設計容易吸收的小單位教材。 4.使每一個新課程內容都是先前課程的延伸。 5.變化教學步調節奏，營造教學高潮。	1.制定由上而下的單元計畫，符合邏輯順序，安排學習課程。 2.學生獨立練習前，教師提供指導性練習。 3.安排跨科的主題單元，強調容易學習的內容之關聯。 4.每個學習單元結合，層次銜接良好。 5.使用複習問答，形成時而增強，時而減弱，間隔式的緊張與期待。

(三) 教學策略在教學上的想像

1. 教學策略在教學上的理想

　　教學活動的進行，不管教師採用哪一種教學理論、教學方法與策略，都應該讓教學達到高效能的目標，讓學生可以從教學中獲取最大的知識量。教師想要達到高效能的教學，就應該參考有關高效能教學方面的研究成果，透過有效教學指標與有效教學策略的內涵，修正自己的教學策略，讓教學活動更為順暢，教學成效更佳。

2.教學上的改變

教師在教學策略的運用方面，應該以教學效能為主要的思考點，透過教學策略的設計與運用，進行教學上的改變：

(1)明確地瞭解有哪些教學策略可以運用。

(2)依據不同學科領域的需要，設計各種配合的教學策略。

(3)教師應該隨時檢視教學活動配合的策略是否適當的問題。

(4)當教學出現問題時，教師應該考慮是否修正教學策略的問題。

(5)有效教學指標與無效教學指標的達成，需運用不同的教學策略。

(6)教師的教學應該準備多套的教學策略，以備修正教學活動之用。

(7)優質的教學可從教學的邏輯行為、心理行為和道德行為去檢視。

(8)不要吝於改變自己的教學模式，更重要的是教學策略的修正。

八、多元智能的教學與應用

「多元智能的教學需要教師多元觀點的配合」
「教師應該在教學中隨時依據實際需要修正方法」

傳統的觀念認為個體的智能發展，影響學校學習的成效。「多元智能」（Theory of Multiple Intelligence）由Gardner（1983）發表，強化個體認知的跨文化觀點，對人類智能概念提出革新的實用性定義，並揚棄傳統以標準化測驗的得分定義人類智能的論點。此種多元智能論奠基於以下三種假設之上：第一，在實際生活中解決問題之能力；第二，個體提出新問題來解決的能力；第三，對自己所屬文化從事有價值的創造及服務的能力。Gardner認為人類智能是用來學習、解決問題及創造的工具，它是每個個體必備的基本能力和工具。

㈠多元智能的內涵

依據Gardner的論點，多元智能包括下列幾項智能：

1. 語文智能（linguistic intelligence）

語文智能的內涵包括以文字思考、以語言表達和欣賞語言深奧意義的相關能力。例如作家、記者、演講家等均需要高度的語文智能，才能在專業領域方面運用自如。

2. 數學邏輯思考智能（logical-mathematical intelligence）

數學邏輯思考智能的內涵包括使人計算、量化及命題思考和假設的能力。例如科學家、數學家、工程師、電腦程式設計師等均需要強的數學邏輯思考智能，才能進行複查的數學運算。

3. 空間智能（spatial intelligence）

空間智能是指人具有三度空間的方式進行思考活動，此種智能使人感知到外界與內在的影像，並隨心所欲地對各種訊息產生因應行為。例如航海家、飛行員、雕塑家、畫家、建築設計師等所展現出來的行為一樣。

4. 運動性智能（bodily-kinesthetic intelligence）

運動性智能指的是使人能巧妙地處理物體和調整身體的各項技能。例如運動家、外科醫師、手工藝者均須具備此方面的能力，才能熟練地進行專業行為。

5. 音樂智能（musical intelligence）

指的是個體對音階、旋律、節奏、音質的敏銳度。例如指揮家、作曲家、音樂家、愛好音樂者均須具備此方面的特質。

6. 人際智能（interpersonal intelligence）

人際智能指的是能夠善解人意、與人有效互動的能力。例如教師、政治人物、社會工作者，均須具備良好的人際智能，才能拓展人際關係。

7. 內省智能（intrapersonal intelligence）

內省智能指的是正確建構自我知覺的能力，並運用此種能力計畫和導引人生。例如宗教家、神學家、心理學者、哲學家等。

㈡ 智能理論的基本假定

Gardner的多元智能理論打破了傳統對智能理論的兩種基本假定：第一，人類的認知是一元化的；第二，只要用單一可量化的智能就可以正確

地描述每個個體。多元智能理論對於人類認知歷程的描述，採用更多元的途徑，承認個體在認知方面的文化差異，指出個體都是獨特的，具有各種發展的潛能和可能性，此種發展和學習上的無限性，提供教育學者更多思考的方向，在教育歷程中應該以更寬廣的方式，指導學生依據個體的獨特性進行適性的學習（林進材，2015）。

(三) 在教學上的意義和應用

多元智能理論強調學習者本身的認知歷程是多元的，並非單一的概念。因此，在教學設計與實施方面，應該廣納各種輔助策略和媒體，教學範圍範圍納入更多元、更廣泛的策略，引導學習者進行有效的學習。

多元智能的教學設計，重視「以學生為中心」的教學模式。因此，在教學設計方面，應該考量確保學生學習成效的達成。多元智能的教學設計，包括下列幾項重要程序：

1. 訂定目標。
2. 將目標轉化成各項智力活動。
3. 教學法及教材的組織運用。
4. 教學時間及順序的安排，並據以撰寫教學設計。
5. 進行教學設計。
6. 視實際需要調整教學設計。

(四) 多元智能理論在教學上的想像

1. 多元智能觀點在教學上的理想

多元智能理論的提出，改變了傳統對人類認知思考歷程的觀念。在多元智能理論中，學生必須擁有機會可以依據個人的認知歷程，可以創意地探索個人在學習歷程中，所具有的特質與能力，透過多元學習的模式，有效地學習各種基本的能力與概念。教師的教學活動，也應該隨著多元智能的發展，作教學思考模式方面的改變，從觀念的改變到教學方法的修改，透過嶄新的教學模式，提供學生發展自己的多元智能，提升自己的學習層次。

2.教學上的改變

多元智能理論的提出，引導教師多面向的教學理想，透過多元智能的觀點，引導教師瞭解每一位學生都具備不同的特質與表現，教師宜針對學生的特質，作教學方法與模式方面改變。

(1)多方向欣賞學生的優點，並運用優點改善學生的學習。

(2)每個人都有不同的特質，問題在於教師是否能有效地運用。

(3)將不同學生的特質納入教學設計中。

(4)依據學生的獨特性，進行適性教學上的設計。

(5)將班級學生的個別性與獨特性，做成學習歷程檔案紀錄，作為教學設計上的參考。

(6)在教學活動中，提供學生各種解決問題的機會，引導學生展現潛能。

(7)允許學生在不同領域中，作不同類型的表現。

(8)欣賞學生的多元智能，並運用學生的多元表現。

第二篇

學習的新思維議題

一般傳統的教學觀念，將教師的教學活動擺在第一順位，忽略學生學習的重要性。殊不知，學生學習成效的達成與學習品質的優劣，才是教學活動最終的目標所在。教學活動包括「教師的教」與「學生的學」，二者不可有所偏廢，才能達到預期的教學目標。

　　本篇的主題定為「學習的新思維議題」，在議題方面包括學習共同體的學習藝術與想像、學習效能的學習藝術與想像、知識活用的學習藝術與想像、縮短學習貧富差距的學習藝術與想像，闡釋的內容圍繞在與學習有關的內容，包括學習的舊傳統與新思維、學習理論的運用、學習方法的運用、學習策略的運用、學習評量的演進、學習效能的研究、學習研究的趨勢、邁向以「學習者為中心」的學習革新等，希望可以提供教學者一個有關學習新思維的觀點與作法，透過觀念的改變與作法的革新，提升學生的學習效能與學習品質。

第五章

學習共同體的
學習藝術與想像

　　學習共同體的主要概念，在於將教學的重點由教師的「教」轉到學生的「學」。學習共同體的重要理念，包括重視教師教學的哲學理論基礎、將學校教育焦點放在學生的學習上、建立以傾聽爲基礎的學習氛圍、營造柔軟平等對話的學習姿態、協同學習非僅合作學習、三位一體的學習觀點、營造同僚性的教師公開研修機制等相關的概念。

　　本章的主要意義，在於簡要說明學習共同體的意義和概念，透過學生學習活動的簡單原則，說明學習共同體概念在教師教學活動上的應用，除了驗證可能性，同時說明限制性，以避免中小學教師盲目追求「外來教育改革潮流」的「外國月亮比較圓」現象。在內容方面，包括學習共同體的意義與概念、合作學習的類型與應用、透過團體動力學營造班級氣氛、學會「如何學習」的教學、更新學習策略的能力、社會技巧訓練的教學、以學習者爲中心思考的教學、永續學習的意義與應用等單元，希望透過學習共同體概念的講解，說明教師的教學活動如何引導學生，進行學習上的共同合作，透過社會技巧的應用，從學習中養成分工合作、同僚學習輔導與互助的習慣，以達到永續學習的理想。

一、學習共同體的意義與概念

　　首先，要說明探討學習共同體的意義、概念、在臺灣的應用，主要的用意不是要反「學習共同體」，而是從學理和實際層面，分析學習共同體的實際意義和應用。

㈠ 學習共同體的意義

　　有關佐藤學提出的「學習共同體」意義，包括教師的教學與學生的學習。在意義的釐清方面，包括下列幾個要項（佐藤學，2012）：

1. 學習共同體的教室應該是開放的，爲任何人開放，任何人、任何時間都可以進來。
2. 校長、家長、教師、學生都是學校的主人，都可參加學校的活動。
3. 學習共同體是一種追求卓越的理想。
4. 教師透過學習共同體，建立良好的同僚關係，透過觀課相互分享

教學。

5. 學習共同體的學校一年開放幾次家長學習參觀的機會。

6. 學習共同體的理想是教師與家長相互信任，相互合作學習。

7. 學習共同體的理想是協助教師與家長社區等共同成長合作，為教育活動付出。

8. 學習共同體的教室是學生相互學習、相互成長、相互學習陪伴。

(二)學習共同體的概念

佐藤學的「學習共同體」在臺灣中小學颳起一陣旋風，相當多的中小學教師將「學習共同體」的理念，奉為教學活動的「規範」，如果教師的教學不採用「學習共同體」的理念，感覺上就「不是好的教學」，此種教學想法和佐藤學的「學習共同體」理想，是有一段距離的。有鑑於佐藤學「學習共同體」的理想與實施，在中小學教學上的應用，簡要說明如下：

1. 教師的教學應該是開放的，透過開放教室的實施，可以提供教師在班級經營與教學實施專業的意見。

2. 學習共同體的實施，以追求卓越為目標，但應該瞭解現實的教學與卓越的距離有多遠，提供教師在策略與方法應用上的參考。

3. 教師的開放觀課，應該以專業的、經驗的專業指導為主，提供教師反省思考的機會。

4. 教師應該建立專業發展社群，針對教室中的生活，進行相互分享、相互學習、相互指導，以達到同儕視導的效果。

5. 教師可以更開放的心胸，將教學活動透明化，提供給相關的人員（stakeholder）作為參考。

6. 教師應該將教師同儕、家長、學生、社區人士等視為合作的對象，彼此相互學習相互成長。

7. 教師的教學可以更開放，讓更多的人參與，並且成為教學的合夥人。

(三)學習共同體在臺灣

依據相關的研究（林進材，2012）指出，臺灣的中小學教學活動，近

10年來的改變幅度不大，不管在教學方法的採用、教學型態的改變、教學策略方法的運用、教學活動實施等，都偏向傳統教學型態。佐藤學的「學習共同體」理念，對臺灣中小學教師的教學影響深遠，多數的中小學教師嘗試在教學活動中，採用「學習共同體」的理念，進行漸進式的改變。此種佐藤學旋風，對於中小學教學的影響，以及教學活動的改變，勢必使教學活動的實施更貼近教師的理想與學生的期望。

㈣ 學習共同體的應用

學習共同體在中小學的應用，已經實施一段時間且慢慢地爲中小學教師接受，對於目前中小學的教學已經形成一股風潮，在教學上的應用，已經發展成下列的現象：

1. 學生不再從學習中缺席

傳統的教學活動，重點在於教師的教學，忽略學生在教學中的重要性。學習共同體的理念，強調學生是教學的主角，重視學生的學習參與。因此，學生不再成爲教學中的旁觀者，而是教學中的參與者。學生在學校教育中，不再成爲「陪讀者」的角色，而是「主動參與者」的角色。如此，學生就不會在學習中缺席，也不會從教師的教學中溜走，從學習的「被動者」、成爲「主動者」。

2. 教師慢慢能接受各種改變

教師在累積多年的教學經驗之後，總會覺得自己的教學已經成熟，以「經驗教師」或「專家教師」自居，導致教學生涯的封閉現象。透過「學習共同體」理念的實施，由教師相互觀課、相互學習活動的展開，引導教師瞭解「自己的不足」、「一個經驗用20年」的現象，教師願意慢慢地接受各種的改變，從改變中修正自己的專業想像，同時從改變中將教學經驗「去蕪存菁」，也從改變中得到新的教學想像。

3. 教師教室的教學會更開放

傳統的教室是封閉的，教師是教室的主宰，凡是教師所做的決定，不管是對或錯，學生都要概括承受。除非教師想要開放教室，否則學校的教室永遠都是封閉的，任何的改變都無法進入教室中，更何況想要教師做各

種改變。學習共同體的實施，改變了教師的傳統思維，激發教師想要打開教室的動念，更激發教師想要改變的動機。從教師打開教室，讓關心教育各界人士，進入教師的教室中，無形中發起教師想要讓自己的教學更進步的想法。

4.教師的教學不會再孤單

傳統的教師教學，教師的角色是「決定者」，也是「執行者」，當然更是成敗的「承受者」。學習共同體的理念，強調的是教師彼此分享教學心得，透過相互分享可以讓教師從教學中，走向專業人群中，讓教師的教學不再「孤單」，而是可以從各界中，得到更多的鼓勵、更豐富的專業指導。當教師在教學中遇到各種難題，或是在教學中感到孤單時，可以從同儕教師中得到更多的教學想像、更豐富的教學資源、更專業的教學指導，透過各方教學方面的互動分享，有助於教師激發更豐富的教學想像。

5.開放教室帶來更多的資源

學習共同體的實施，使教師的教室更為開放，由於開放教室的實施，可以讓各種專業人員進入教室，彼此相互學習、相互分享、相互輔導，因此，教師享有更多的資源，擁有各豐富的專業指導，開放教室帶來更多的資源。和傳統封閉的教室相比，教師的教學不再「孤軍奮戰」，而是打「群體戰略」，透過群體的合作，為教師的教學帶來更豐富的教師「支持系統」與「支援系統」。

6.教師的教學更為專業

儘管教師的教學是否為一種專業的展現，學術界與實務界有很多不同的看法，教師教學活動的進行，卻無法從專業方面得到更多的支持。學習共同體的實施，讓教師的教學活動，得到各界的重視和關心，透過教室的開放可以透視教學的梗概，透過固定的觀課可以更瞭解教學的面貌，透過相互分享溝通，可以增進彼此之間的瞭解，有助於教師的教學更為專業。

㈤學習共同體的教學想像

任何教育理想的實施，主要目的是讓教育更為專業，受教育者更為成熟。學習共同體的理想，和臺灣過去對「教育的想像」，其實是相去不

遠的。換句話說，學習共同體的理念和作法，對臺灣中小學教師而言，並不是「新的想法」，也不是「新的良方」。但是，學習共同體的理念和實施，卻激起中小學教師想要進行「教學改變」的熱情，此種激勵對現在與未來的中小學教師，注入一股新的力量，引領一股新的風潮，對於教學專業的發展（或訴求）效果，應該是指日可待。

二、合作學習的類型與應用

「十個人各讀一本書勝過於一個人各讀十本書」
「分組合作學習有助於班級學生隨時隨地有效學習」

　　傳統的教學活動，強調的是教師的「教」與學生的「學」，重視的是學生的個別學習狀況、個別學生的相互競爭等。合作學習的實施與重視個別式、競爭式的學習過程，有相當大的差異。不管在教學活動的實施，或是學習活動的進行，分組合作學習都助於提升學生的學習成就、增進學生的學習動機、發展合作技巧及溝通技巧、增進學生在學習方面的自尊，同時具備多種功效的教學策略（林進材，2011）。合作學習的意義、理念、類型、策略與教學想像，簡要說明如下：

㈠ 合作學習的意義
合作學習的意義，包括下列幾個要點（張新仁，2014）：
1. 分組合作學習是一種教學型態。
2. 分組合作學習指的是兩個以上的學生，透過彼此的互動互助及責任分擔，達成共同的學習目標。
3. 分組合作學習強調以學習者為中心，提供學生主動思考討論或小組練習的機會，讓教學不再侷限於教師的直接教導。
4. 分組合作學習強調每一位成員不僅要為自己的學習負責，也要幫助同組的成員學習。
由上述的分組合作學習意義，說明該教學方法的主要核心價值，在於

提供教師不同的教學型態，改變傳統以「教師為中心」的教學型態，轉而以「學生為中心」的教學型態，透過為自己的學習負責，同時協助他人學習的責任分工，達到相互合作的教學目標。

(二) 合作學習的理念

分組合作學習的實施，主要是針對班級學習的各種現象，教師透過有效策略的規劃和運用，處理學生學習的各種現象。有關分組合作學習的實施理念，簡要說明如下（張新仁，2014）：

1. 正確對待學生的學習差異

學生在班級內的學習差異現象，是教師最容易忽略的一環。在常態編班的班級教學中，教師的教學活動無法因應學生在學習上個別差異，對於學習上「優、良、中、可、差」的學習差異現象，無法提供「適時」和「及時」的教學輔導。因此，分組合作學習的實施，可以運用學習輔導的概念，由不同學習成就等級的學生，擔任學習輔導小老師的工作，提供學習落後學生的及時輔導。

2. 提升學生學習參與的動機

從班級教學中逃走的學生，主要的原因在於缺乏學習動機，無法從教師的教學中得到「成功的機會」，或是過多的學習挫折，導致學生不願意在教學活動中積極地投入。分組合作學習的實施，改變傳統教學的作法，由教師單向的教學講述，轉而使學生從被動的聆聽，轉而為主動積極的參與。透過學生對教學活動的積極參與，以及學習責任的承擔，提升學生的學習參與動機。

3. 有效運用學生的學習潛能

傳統的教學活動，無法有效發展學生的個別潛能，對於學習上有差異現象的學生，也無法提供學習上的輔導。分組合作學習的實施，重視的是個別學生在協助之下的潛能發展現象，透過同儕學習輔導的方式，可以提升學生在學習成效上的潛能發展。

4. 培養合作的核心素養

傳統教學強調的是個別學生的發展，忽略分工合作在學習上的效能。

由於強調個別差異，導致學生在學習上惡性競爭的現象。透過分組合作學習的實施，可以形成學生學習的「共同責任制」，爲自己的學習負責，也爲團體的學習績效負責。透過分組合作學習的實施，可以教導學生學習分工合作的社會技巧，讓學生更有效地參與學習活動。

(三)合作學習的類型

依據國內外有關分組合作學習類型的研究與論述，合作學習的類型以精熟、分享與討論、探究等爲主，茲簡要說明如下：

1.學生小組成就區分法

容易實施的方式，其應用範圍最廣，也是實施效果最顯著的方法，其包括五個主要的構成要素（黃政傑、吳俊憲，2006）：(1)全班授課：教師利用口頭或視聽媒體介紹需要學習的教材；(2)分組學習：教師依據學生的能力、性別、背景、學習心理等特質，將學生分爲4-5人一組，採取異質性分組方式，再以教師的形式一起學習以精熟單元教材；(3)小考：學生透過個別小考的方式評鑑學習成效；(4)個人進步分數：以學生過去的學習成績作基本分數，是其進步的分數決定每個人爲小組爭取多少積分（林進材，2013）。

2.拼圖法

拼圖法（Jigsaw instructuion method）是Aronson（1978）發展出來的教學法。拼圖教學法將教材分成五個小子題，教師將全班學生分組，每組有六個學生，每位學生負責一個小子題，另一位學生列入候補，以便遇到學生缺席時，遞補之用。負責相同子題的學生先成立「專家組」共同研究負責的子題，以達到精熟的程度。而後，專家組將精熟的內容教給同組的其他同學。拼圖法是由學生形成學習上的共同體，經由同儕學習的關係，完成預定的學習目標（林進材，2013）。

3.拼圖法第二代

拼圖法第二代（Jigsaw-II）的教學流程爲：全班授課→（原小組、專家小組）分組學習→分組報告或發表→小組及個人成效評鑑→（個人、小組）。此項教學法大多被運用在社會科學的教學，以及以閱讀爲主的科目

中。其中專家小組的形成是讓每一組分配到相同主題的學生自成一組，共同討論教材內容並精熟研究的主題，之後將討論結果加以整理記錄，再回到原組報告自己研究的主題（黃政傑、林佩璇，1996）。教學法適用於問題的深入討論或技能的學習，但各組的專家對該負責項目是否能勝任，是教師在專家小組分配上要謹慎思考的地方，以免無端造成學生學習的挫折感。

4. 認知學徒制

認知學徒制（cognitive apprenticeship）是Collins、Newman、Rogoff等人針對教學中如何運用合作學習幫助學生在團隊學習中建立尊重與信任，讓每位學生對學習都感到責任，藉以發展社會技巧及深層的理解，並培養具有更高層次的思考能力、批判能力和解決問題能力而發展出來的教學法（黃政傑、吳俊憲，2006）。認知學徒制是一種「作中學」的形式，教師針對教學活動目標與內容，將學生需要完成的學習任務置於真實情境中，引導學生學習活動的進行，從實際工作環境的社會情境中產生，並重視學生的認知及後設認知等。

5. 學習共同體（學習社群）

學習共同體的概念是透過學習社群（learning community）的方式，以學生學習分組的形式，運用學習共同責任與相互分享策略，達到教學與學習目標。學習共同體是以學習為核心概念，將學生以共同目標作為分組的依據，小組成員突破以往傳統單打獨鬥的學習模式，以溝通、合作的方式，建立一個多元、專業、分享的互動情境，形成一個支持的學習系統，進而增進小組成員間的責任感與認同歸屬，同時也解決學習上的難題並增進學習品質（林進材，2013）。

6. 共同學習法

共同學習法（learning together）最有名的推動者為Johnson與Johnson（1994），其概念源自學習中共同合作、競爭與個人主義三種學習目標的比較。此法對小組人數有限定，且均為異質分組，而人數較少的團體則有較多討論的時間，互動也較單純。此種方法特別重視組內成員互信互賴的關係，以及各組間合作關係的建立；因此，經由作業的安排、學生角色

的任務分配、獎勵制度的建立、合作技巧的指導等來增進學生的合作學習，是此法的重點。茲將其實施摘要說明如下（黃政傑、林佩璇，1996；Johnson & Johnson, 1994）：

(1) 說明具體的教學目標

教師要在開始上課前，詳細的說明兩種目標：一為學業目標，二為合作技巧目標。

(2) 決定小組人數

教師依據教學目標、先備能力、互動性質及教材內容、課程時數等因素來決定學習小組的人數。

(3) 分組

以異質分組最佳，可由學生自願或教師決定，亦可做較長期的固定分組，促進學生互動，養成精緻思考及專注學習的習慣。

(4) 教室空間安排

同一組的學生應緊鄰而坐，可以圓形座位排列，直接的目光接觸中互動。整個教室的空間安排則需方便教師至各組巡視指導，且小組間互不干擾。

(5) 教材規劃

教師可依小組組員間合作技巧的純熟度，將教材分配到各小組，讓小組每一位學生都能參與學習，並有所表現。

(6) 分派角色

適當分配小組內的各種角色，如檢查者、紀錄者、報告者、聯絡者等等，讓每一位學生都有責任達成小組的目標，產生積極相互依賴的關係。

(7) 解說任務

教師對課程的重要概念、原則、作業方式，均應說明清楚，以便學生明瞭課程目標及作業方法。

(8) 建構目標的積極相互依賴

教師可用各種方式來建構小組積極相互依賴的學習目標，例如：要求小組共同完成一份報告或一件作品；也可將獎勵方式訂為小組獎勵，以增進其互賴互動模式。

(9) 建構個人的績效責任

在合作小組中的學習，要能儘量擴展組員個人的學習績效，教師於過程中避免有學生因共同學習而投機取巧、搭便車。

(10) 建構小組間的合作

當某小組完成任務時，也可鼓勵協助其他小組，營造全班的合作氣氛。

(11) 明訂成功的標準

教師在課程一開始應先清楚的說明學習成就的評量標準，此評量應是客觀的、標準參照的，依據學生能力建立可接受及達到的成功標準。

(12) 具體描述理想行為

課程學習開始前，教師應詳細說明學生應表現的理想合作行為，以便有法依循。

(13) 督導學生行為表現

小組學習開始後，教師要隨時觀察掌握學生是否保持以合作方式完成工作任務。

(14) 提供學習上的協助

若發現小組有學習的問題時，教師要運用具體的說明，澄清及答覆疑難問題、鼓勵討論進行，以增進學習技能。

(15) 介入教導合作的技巧

當小組內學生的互動出現問題，或某位學生表現不當的合作技巧時，教師要適時介入，提供有效的社會技巧，以利小組合作學習。

(16) 歸納課程重點

課程學習結束時，教師要引導學生統整學習重點及經驗，作為未來學習之基礎。

(17) 評量學習成果

小組合作學習後，應從質與量兩方面進行學生的成就評量，以及合作行為的評量。

(18) 評量團體運作效果

教師應充分的瞭解學生小組團體運作的情形，建立獎勵互賴的目標。

共同學習法是具有嚴謹組織和教學計畫的合作學習方式，其實施重點清楚，包含合作學習的特色及流程，且任何科目皆具有檢核的作用，任何教師均可依其規劃實施合作學習。

7. 團體探究法

團體探究法（group investigation）的教學流程如下：界定主題並組織研究小組→計畫研究工作→進行研究→準備報告→呈現報告→學習評鑑。此種教學法是由Sharan與Sharan於1976年所發展，教學的特色在於由教師與學生共同討論將一個學習目標分割為數個小目標，每個小目標以小組方式進行主題的研究，對於小組所要探討的主題有較大的自主空間；其活動的重點主要是建立在團體的互動歷程上，強調學生之間主動的溝通；整個學習活動，包含認知的歷程、適應社會環境的過程，都必須經由合作探究、小組討論及協商、計畫等活動，目的在提供學生多樣而廣泛的學習經驗，其原理可以運用在單一目標的課程設計上，以舞蹈表演課程設計為例，將學生分組以後，請學生分組進行編舞，在分組練習後再將小組舞蹈呈現出來（黃政傑、林佩璇，1996）。團體探究法其步驟包含六個連續階段：(1)組織探究小組，並界定主題；(2)計畫探究工作；(3)進行探究工作；(4)準備成果發表；(5)小組成果發表；(6)師生共同評鑑。

8. 配對學習

配對式合作學習（paired learning）是Dansereau（1988）針對認知學徒制的論點，所提出的一種教學方法。配對學習的特色在於教師應該摒除學習者僅使用自己的方式達成合作學習目標的缺失，應該藉由配對式合作學習方式，引導學生小組成員透過彼此認知互動的過程，促使學習者達成共同的學習目標。因此，配對學習是認知學徒制合作學習的方式之一。

9. 小組學藝競賽法

小組學藝競賽法（TGT）的教學流程如下：全班授課→分組學習→學藝遊戲競賽→小組及個人成效評鑑→（個人、小組）表揚（黃政傑、林佩璇，1996）。

　　小組學藝競賽法和學生小組成就區分法相近，內容包括五大要素（Slavin, 1995），不同處在於小組學藝競賽法是以遊戲競賽的方式來取代小考測驗，透過競賽桌的方式來進行小組間的競賽（黃政傑、林佩璇，1996）。

　　10. 小組協力教學法（簡稱TAI）

　　小組協力教學法（team assisted instruction, TAI）又稱為小組加速教學法（team accelerated instruction），此種教學法結合了合作學習及個別化教學，是Slavin於1985年為三～六年級數學而設計，其教學步驟說明如下（黃政傑、林佩璇，1996）：

　　安置測驗→分組學習（閱讀說明頁—單元練習—形成性測驗—單元測驗）→小組評鑑（小組評分）→個人學習評鑑（真正測驗）→全班授課。

　　小組協力教學法的合作學習方法適合運用在有考卷或學習單評定分數的學習，但其不一致的個別化學習過程，很難適用於一般班級課程中，較適合班級補救教學的實施或資源教室的課程實施。

　　㈣分組合作學習的策略

　　分組合作學習的策略，在教學上的應用，包括下列幾項策略（參見圖7）（張新仁，2014）：

圖7　分組合作學習的策略（引自張新仁，2014）

㈤ 合作學習的教學想像

1.合作學習的教學理想

　　分組合作學習本身不是教學的「萬靈丹」，也不是學習的「萬用藥」。但分組合作學習的實施，可以改變教師的教學理念，提供教師一種不一樣的教學想像。透過分組合作學習的實施，可以引導教師調整「教學型態」，改變教師的「教學策略」，修正教師的「教學理念」，引導教師進行「教學實驗」，透過分組合作學習的運用，讓教師摒除「一種方法用30年」、「30年用一種方法」的不當作法，進而從「改變中學習」、「從學習中改變」。

2.教學上的改變

　　在教室中的教學，教師已經習慣了傳統的教學模式，以「教師講、學生聽」、「排排座、個別學」、「單打獨鬥、團體比較」的教學形式。因

此，無法透過團體歷程（或團體合作）提升教室的教學氣氛和教學效能。教師可以考慮在教學方法上，改變以合作學習的方式進行教學。

(1)教師應該具備「教完不一定學會、學會不一定靠教完」的基本概念。

(2)在教學前，依據學生的不同特質進行學習上的分組，以利後續合作學習的分組活動。

(3)習慣運用不同的分組合作學習方式進行教學。

(4)教師應該掌握改變教學的任何機會，為班級教學注入新的契機。

(5)依據不同學科領域的特性，進行分組合作學習活動。

(6)依據不同學科採用不同分組合作學習的方法。

(7)教師應該要設法讓學生免於「班級陪讀」的習性。

(8)在班級教學中，應該透過各種策略的方法，讓學生有積極參與學習的機會。

三、透過團體動力學營造班級氣氛

「團體約束力量往往大於個別約束的力量」
「營造班級團體學習的氣氛有助於合作氛圍的形成」

班級氣氛的營造，是成功教學活動實施的前置作業，如果班級學習氣氛不佳的話，就容易影響學生的學習氣氛，讓學生參與學習的意願不高；當班級氣氛佳時，教學活動順暢，學生學習意願高，遇到學習困難時也願意積極面對。

㈠團體動力學的意義

團體動力學的創始者是勒溫（Lewin），其理論是要探討團體的性質、發展的法則、以及團體內全體與部分的交互關係，並就動力學的原理，從事實驗研究。簡言之，團體動力學所著重的是團體內的互動關係（陳奎熹，1997：284），而班級氣氛研究則是強調班級團體的部分，強

調班級內部各成員之間的交互作用關係，也就是說，班級氣氛是班級團體內部成員之間彼此交互作用的結果。

教師影響學生的學習方式有二：一種是直接的影響或教師中心的談話，另一種是間接的影響或學生中心的談話。所謂直接影響，係指教師以直接的語言，如講述事實與意見、指示或命令、批評或樹立權威等；所謂間接影響，則指教師以接受學生的感受、採納學生的觀念、讚賞或鼓勵學生提出問題。

(二) 相關研究的意義

研究結果顯示，在教師的「直接影響」之下，學生是被動的，甚少機會和班級對話，對於教師的談話只是作消極的反應，甚至表現靜默或困惑，因此，班級氣氛是屬於消極的、沈悶的；而在教師「間接影響」之下，學生是主動的，具有許多和班級對話的機會，對於老師的談話做出積極的回應，是以，班級氣氛是屬於積極活潑的（鄭詩釧，1998：20-21）。

從Flander的研究可得知，教室內師生口語行為、談話方式的互動情形，會影響到教室中的氣氛，而教師在教學情境中的教學行為，對學生的學生的學習態度與學習效果，也有重大的影響力；由此可得知，班級社會系統中，師生互動的關係是影響班級氣氛形成的重要要素之一。

另外，Andersonu也指出影響班級氣氛的因素包括四種交互作用：1.學生同儕之間的關係，2.學生與課程之間的關係，3.學生與教師之間的關係，4.學生對班級結構的知覺，這些因素決定了班級氣氛。國內朱文雄也指出班級的社會互動決定班級氣氛（鄭詩釧，1998）；故班級氣氛是團體內部成員之間彼此交互作用所產生的。

㈢增進班級氣氛的作法

教師應具有的特質
・教師在班級生活中，應該具有適當的人格特質，如友善的、幽默的、溫暖的、風趣的、真誠的、同理心、尊重學生等各種特質

教師的領導風格
・教師應採取適當的領導風格，公平對待每一位學生，無論是好壞或任何學生都應該給予相同的注意和關懷

給予適當的獎勵
・教師對學生的獎勵和稱讚要能隨時隨地，給予學生適當的獎勵

衷心表示願意協助
・讓學生瞭解教師願意隨時提供學生各種實質上的幫助，學生在班級生活中遇困難的話，也才願意隨時向教師尋求協助

瞭解學生需要和困難
・瞭解學生的困難處，教師就不會過於苛求學生，對於學生的各種困難就能以同理心相待

建立良好師生關係
・班級生活中，師生之間的關係密切的話，就可以隨時掌握學生的需要，彼此相互幫助相得益彰

學校組織氣氛營造
・學校組織氣氛常因校長的領導風格有改變，校長採取高關懷高倡導或低關懷低倡導等領導風格，班級氣氛就會不同

㈣團體動力學在教學上的想像

1. 班級氣氛在教學上的理想

班級氣氛是影響教學品質的因素之一，教師在教學活動實施時，應該先營造良好的班級氣氛，讓學生可以在良好的氣氛中學習。遇到學習困難時，可以在輕鬆自由無壓力的情境下，發揮自己的學習潛力，降低來自學習方面的恐懼情緒。氣氛良好不一定可以提升學習成就，但氣氛不佳的學習情境，卻會影響學生的學習成就。

2. 教學上的改變

在班級學習氣氛的營造方面，教師應該透過團體動力學的理念，讓學生可以在良好的氣氛中學習。教師在增進班級氣氛的作法上，可以在教學中進行下列的改變：

(1)建立班級團體規範準則，並且公布周知。

(2)在教學活動進行時，教師應該透過團體規範的執行，引導學生遵守團體規範。

(3)經常性地營造班級學習團體的學習氣氛，讓學生在團體氣氛中進行學習活動。

(4)教師在班級生活中，應該掌握學生的學習特性，作為教學實施的依據。

(5)教師要能將稱讚、嘉許常掛在嘴邊。

(6)無論是好學生或是壞學生都應該給予相同的注意和關懷。

(7)及時稱讚學生的效果，比事後給予嘉許的效果更好。

(8)教師應掌握「揚善於公堂、規過於私室」的要領對待學生。

四、學會「如何學習」的教學

「學會如何教學與學會如何學習一樣重要」
「在要求學生表現之前應該想想是否教導學生正確的方法」

「學會如何學習」（learning to learn）是近年來，教學與學習研究的

主要議題，透過學會如何學習議題的研究，包括學習效能、學習方法、學習策略、學習理論等，有關改進學習的議題，對於教師教學活動的改善，具有相當程度的貢獻。

(一) 有效的學習策略

有關有效的學習策略方面的論述，國內外有相當多的文獻，針對學習策略的應用，提出相關的研究與實驗成果。何奇英（1998）提出學生有效的學習策略，簡要說明如下：

1. 主動出擊：利用視聽媒體或競爭學習策略來提升學生的學習力。
2. 增進記憶：運用策略來縮短記憶。
3. 心專則靈：以「自我教導」的方法來增進注意力。
4. 化解壓力：利用圖表協助自己找出壓力來源，以正確態度與策略學習放鬆。
5. 百戰百勝：面對考試的態度與準備等。
6. 天下無難事：學習問題解決的策略與技巧。
7. 我的未來不是夢：設定目標，增進自己的能力。

(二) 高效能的讀書策略

讀書策略和學習策略的概念，雖然有相同之處，但前者指的是教科書的閱讀方法，後者指的是所有學科領域的學習方法。有關高效能的讀書策略，超速太朗（王岑文譯，2011）指出，高效能的讀書策略簡要說明如下：

1.深耕課本－磨練「情報加工」的技巧

不在筆記的製作上鑽牛角尖，做習題答錯的部分，直接寫在課本裡，同時達到系統性的理解與重點整理。

2.反覆練習－磨練「答題」的技巧

善用考古與題庫，掌握出題重點，做完題目隔天再練習一次，反覆練習六天後，想要忘記考試重點都很難。

3.比較認識法－磨練「情報整理」的技巧

用同中求異的方法，整理各項容易搞混的複雜知識，輕鬆掌握出的題

目，達到事半功倍效果。

　　4. 讀書計畫分工－磨練「落實記憶」的技巧

　　反向操作一般的學習法，基礎期以題庫為主學習，加強重點掌握，衝刺期則以課本為主複習，幫助你落實記憶。

　　5. 自我宣言筆記－磨練「自我管理」的技巧

　　將一定要考上的決心寫下，每日複誦願望，藉由潛移默化的效果，提升自我唸書動力。

(三) 考試與讀書技巧的關係

　　學生在學習歷程中，最重視的是考試和讀書之間的關係，雖然考試（或測驗）是提供學生在學習方面變化情形的訊息，但目前的學校學習氛圍，仍然重視考試成績，並且以考試成績作為學生是否努力的重要指標。有關考試與讀書技巧的關係，請參見圖8。

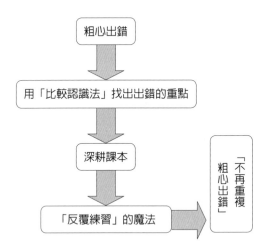

圖8　考試與讀書技巧環環相扣

王岑文（譯，2011）。關於考試，你用的方法都是錯的／超速太朗著。臺北：高寶國際出版。p.171。

(四) 在教學上的意義

　　有效的學習策略、高效能的讀書策略、考試與讀書技巧的關係等議

題，在教師教學設計上，具有相當程度的關係。教師應該瞭解學生在學習策略的應用情形，透過晤談、觀察、訪談等方式，瞭解學生的學習策略是否有需要調整的地方，如果因為學習策略的不當，形成學習成效的不彰。教師就要透過「學會如何學習」的教學，指導學生進行高效能的學習。

(五)學會如何學習的教學想像

1. 學會如何學習的教學理想

教師活動包括「教」與「學」活動的結合，好的教學活動，當然需要正確的策略與方法相互配合。如果缺乏「如何學習」的考量，教學活動的進行可能成為「盲目的活動」，無法收到預期的效果。當教師想要責備學生不努力、不用功時，要先想想學生用對了學習方法嗎？教師的教學是否教「學會如何學習」的議題。

2. 教學上的改變

學會如何學習是教學活動實施，教導學生有效學習的關鍵。教師在教導學生「學會如何學習」時，宜進行教學上的改變：

(1)教師想要改進學生的學習成效，應該從學生的學習策略著手。

(2)教師要經常的反省教學，是否提供學生正確的學習方法。

(3)當學生學習困難時，教師應該先反省自己的教學活動。

(4)進行概念教學時，應該同時教導學生學習方法。

(5)教師應該定期檢視學生的學習方法，提供修正的參考意見。

(6)檢視學生的學習錯誤，應先掌握學生的學習方法是如何運用的。

(7)教科書中的各種概念教學，應該要配合效率的學習策略。

(8)經常性的研修學習策略的類型與運用，提供學生學習上的參考。

五、更新學習策略的能力

「學習方法缺乏更新容易導致麻痺的現象」
「教學方法更新的同時也應該更新學習策略」

學習策略的應用和讀書方法的應用，對學生學習上的應用，應該是具

有異曲同工之效。教師教學活動的進行，應該考慮指導學生進行學習策略的更新，透過學習策略更新動作，改變學生的學習效果。依據相關的學習研究指出，學生的學習成效和採用的學習策略，具有高程度的相關。

㈠有效的學習方法

有關有效的讀書方法，研究文獻數量相當多。例如：Walberg（2011）指出，要改進學生的學習方法為：

1. 增加學習時間。研究發現，時間使用在目標學習、調整需要花時間的學習，這二項問題，與提升學習成果有很大的相關。
2. 增加學科學習的時間。
3. 反應與克服回家功課的複雜性。
4. 使用暑期輔導。
5. 鼓勵自我學習。
6. 學術上促進建設性的校外活動。
7. 實現高品質的教學。

㈡高效能的讀書方法

有關高效能的讀書方法，依據周雯菁、周欣怡、周佳敏（2003）指出，高效能的讀書方法包括：

1. 專注：可在較短時間內唸完該唸的部分，並清楚重點及充分理解書中的理論。
2. 務求透徹瞭解：理解後較容易形成長期記憶，可減少混淆的情況。可利用做習題的方式，在解題過程中可發現自己哪裡還沒想通，也可利用與同學分享時，明白自己是否完整瞭解並能整理出來。
3. 毅力與堅持。
4. 課前預習與課後複習：對難度較高的科目更是要預習，等上課時，特別注意不懂的部分，通盤瞭解；課後複習是找習題來做，確認自己對理論充分瞭解懂得如何應用。
5. 熟能生巧：多練習就能做得好、做得快，對數理科目更需要多次練習。

6. 判斷能力的培養：懂得提綱挈領，懂得大方向、大架構，學會判斷重點。

7. 讀書的好朋友與好對手：與同學相互勉勵切磋。

8. 善擬讀書計畫並確實執行。

9. 多看有益的課外書：課外知識補充有利於課內知識的瞭解，行有餘力時多看有益身心的課外書。

10. 訂定高而清楚的目標：為自己訂個高標努力達成，成功的機會就會愈大。

(三)讀書八種方法

有關讀書的方法，張春興（1984）指出，讀書高效能的八種方法，請參見表9：

表9　讀書八種方法

1. SQ3R法：適用於閱讀一般教科書與參考書 　S = Survey —— 瀏覽（先瀏覽教材之一章或一節） 　Q = Question —— 問題（由念概念中提出問題） 　R1 = Read —— 閱讀（閱讀時尋找答案藉以保持主動與集中注意） 　R2 = Recite —— 回憶（讀一段後暫時停止，從回憶中加強記憶） 　R3 = Review —— 復習（復習全章使學習得以系統整理）
2. PQ4R法：適用於閱讀一般教科書與參考書 　P = Preview —— 預讀（預讀某一章一遍，注意各段標題及首尾內容） 　Q = Question —— 問題（閱讀時將問題、反應、回憶三種活動交互作用） 　R1 = Read —— 閱讀 　R2 = Reflect —— 反應（特別在反應時力求發現書中隱含的深層意義） 　R3 = Recite —— 回憶 　R4 = Review —— 復習（復習全章使學習得以系統整理）
3. OK4R法：適用於閱讀一般教科書與參考書 　O = Overview —— 瀏覽（在此時特別注意書中要點） 　K = Key ideas —— 要點（注意各段題、句首與結尾句、專有名詞等） 　R1 = Read —— 閱讀 　R2 = Reflect —— 反應 　R3 = Recite —— 回憶 　R4 = Review —— 復習

表9 （續）

4.SCORE法：特別適於寫報告蒐集資料之用，重視筆記 　S = Satisfy —— 決意（自行決意先讀書中一章） 　C = Copy —— 摘記（讀前先看標題變為問句寫在筆記本上） 　O = Objectives —— 目標（自定目標） 　R = Read —— 閱讀（邊讀邊記） 　E = Evaluate —— 檢核（讀完全部再檢查一遍以求貫通）
5.OORE法：用於一般閱讀，缺乏充分時間閱讀時適用、不重筆記 　O = Overview —— 瀏覽（瀏覽一遍） 　O = Objectives —— 目標（選定要讀之目標用鉛筆做成記號） 　R = Read —— 閱讀 　E = Evaluate —— 檢核（讀後再覆檢一遍以求加強記憶）
6.RORE法：適用於閱讀學術性的期刊雜誌；若影印下來，可用SCORE法 　R = Read —— 閱讀（先概略閱讀一遍） 　O = Outline —— 復讀（而後邊讀邊寫摘要） 　R = Review —— 復習（讀完再從頭復讀一遍） 　E = Evaluate —— 檢核（最後再行檢查以求貫通）
7.LORE法：適用視聽教育設備資料蒐集 　L = Listen —— 傾聽（將錄音帶從頭到尾聽一遍，特別注意開場） 　O = Outline —— 摘要（有概念後，邊聽邊記，寫出摘要） 　R = Review —— 復聽（記錄之後為免遺漏，再做復聽、檢核） 　E = Evaluat e—— 檢核
8.LOVE法：適用於聽講作筆記、訪問記錄有效方法之一 　L = Listen —— 傾聽（一人讀一段文章或一件事實） 　O = Outline —— 摘要（另一人邊聽邊記） 　V = Verbalize —— 補述（如有遺漏，再行補述，以便填足） 　E = Evaluate —— 檢核（兩人可隨時交換，繼續進行）

引自：張春興（編著，1984）。怎樣突破讀書的困境。東華書局。pp.53-57。

㈣ 學習策略更新在教學上的意義

　　教學活動的進行，需要學習策略運用的配合，有了正確學習策略的配合，教學活動就可以達到預期的成效。如果學生的學習策略運用有問題，就無法達到預期的教學效果。因此，教師教學活動的進行，應該要針對學生學習策略的運用，指導學生使用學習策略的方法和時機。如果學生的學習成效不佳，教師就需要瞭解學生的學習策略是否正確，是否有需要修正

的地方。如果需要修正的話，教師就應該針對個別學生的學習策略，進行教學活動上修正。

㈤更新學習策略的教學想像

1.更新學習策略的教學理想

學生的學習策略運用，必須教師給予專業上的引導，透過教師在教學上的指導，學生才瞭解不同學科領域的學習，在學習策略上的應用是需要調整的，如果學生學習成效不佳，多半是學習策略的應用出問題，需要教師給予正確的指導。優質的教學活動設計，應該將學習策略的應用，納入教學活動設計中，才能收到預期的效果。

2.教學上的改變

教師教學方法宜依據實際需要更新，學生的學習策略運用也應針對效果更新。當教師的教學方法更新了，學生的學習方法也會隨著更新。如果教師缺乏求新求變的精神，學生就會因循敷衍不求改善。

(1)最好的學習方法，不一定適合每一位學生。

(2)不同的學生需要不同的學習方法，教師應該針對不同學生給予特別的方法。

(3)對於班級學生的學習策略，教師應該要能瞭若指掌。

(4)當學生出現學習問題時，教師要先從學生的學習策略著手。

(5)教師要教導學生運用方法，也要教導學生更新方法。

(6)不同學科領域的學習，必須運用不同特性的學習策略。

(7)教導學生學習策略的運用時機和時間點。

(8)教師應該針對學科領域教學，擬定相對應的學習策略，並教導學生學習策略的運用時機和方法。

六、社會技巧訓練的教學

「班級同儕互動關鍵在於社會技巧的運用」
「單打獨鬥的效果遠不如群體合作的力量」

在班級教學中，有關學生各種社會技巧訓練的教學，可以結合班級團體輔導活動的實施，訓練學生如何加強社會技巧。相關的研究指出，學生在情緒表達方面如果出現反社會行為，通常和學生本身的社會技巧是有關係的。

(一)社會技巧的意義

社會技巧（social skills）是個人在社會情境中能利用被社會接受與肯定的方式與他人互動，同時使個人、他人與相互之間均能獲益的能力。社會技巧的意義包括三個層面：1.是指具有導引強化結果的能力；2.在人際情境中能展現社會技巧；3.可用可衡鑑以及客觀的方式加以描述的技巧性行為。良好的社會技巧不僅能夠達到和他人的有效溝通，相對的也能夠增加對自我的信心，社會技巧是社會能力的另一個層面，具有良好社會技巧的人能對他人激勵、增強與顯示興趣，並且在與他人互動中，以有彈性且敏銳的方式加以掌控（黃德祥，2012）。

(二)社會技巧訓練的內容

有關學生社會技巧的訓練，可以參考Goldstein等人在1989年提出的社會技巧訓練內容（如表10），作為參考。

表10　青少年社會技巧訓練內容（Goldstein等人，1989）

週次	訓練主題	訓練內容與過程
1	表達怨言	1.界定問題性質即時應該負責任。 2.決定問題應該如何解決。 3.告訴對方問題所在以及如何解決。 4.請求有所反應。 5.表達自己對對方瞭解的情感。 6.採取對應的步驟獲得共識。
2	對他人情感的反應（同理心）	1.觀察他人的話語和行動。 2.決定他人可能的感受，以及感受的強度如何。 3.決定讓他人知道自己瞭解他人的情感是否有益。
3	為有壓力的會談作準備	1.想像自己處於一個成功的情境中。 2.思考你將如何感受，以及為何有此種感受。 3.想像他人處於有壓力的情境中，想像對方的感受以及為何有此種感受。 4.自我想像如何讓對方瞭解自己的想法。 5.想像對方將如何講話。 6.重複上述各種步驟，並盡可能想像其他各種可能的方法。 7.選擇最佳的方法。
4	對憤怒的反應	1.開放式傾聽別人想說的話。 2.顯示自己瞭解對方的感受。 3.請求對方瞭解自己所不瞭解之處。 4.表明自己瞭解對方的憤怒。 5.表達自己對情境的想法與感受。
5	避免吵架	1.停止吵架，並想想自己為何想打架。 2.決定自己所想要的後果。 3.思考除了吵架之外，處理此種事情的方法。 4.決定處理此種情境的最佳方法，並努力去做到。
6	幫助他人	1.決定他人是否需要並想要自己加以幫助。 2.想想自己可能幫助他人的方法。 3.假如他人需要，並想要你去幫助他就主動開口。 4.幫助他人。
7	處理被責罵	1.思考別人責罵的內容。 2.想想他人為何會責罵自己。 3.想想回應他人責罵的方式。 4.選擇最佳的方式並付諸實施。

表10　（續）

週次	訓練主題	訓練內容與過程
8	處理團體壓力	1.思考他人要求自己做的事及其理由。 2.決定自己想要作的事。 3.決定告訴對方自己想要作的方式。 4.告訴團體自己想要作的事。
9	表達情意	1.決定你是否對對方有好感。 2.決定他人是否想知道你的情感。 3.選擇適當時間與地點表達自己的情感。 4.決定如何以最好的方式表達自己的情感。 5.以溫馨和關懷的態度表達情感。
10	對失敗的反應	1.決定自己是否失敗。 2.思考個人及環境造成自己失敗的可能原因。 3.決定假如自己再次嘗試，有哪些不同的處事方法。 4.決定自己是否再嘗試。 5.假如適當的話，試著再做並使用自己修正過的方法去作。

三社會技巧訓練的教學想像

1.社會技巧訓練的教學理想

上述社會技巧訓練的教學，教師可以考慮將各種訓練主題、訓練內容與過程，透過綜合活動課程與教學設計，作為訓練學生的參考。當教師透過社會技巧教學時，可以針對學生平時最需要改善的社會技巧，透過各種教學活動，改善不當的社會技巧，並且透過教學活動來提升學生的社交技巧。

2.教學上的改變

社會技巧的運用，需要教師在班級教學中，利用時間教導學生。透過社會技巧的教學實施，能引導學生善用各種社會技巧，改進班級同儕合作的關係。

(1)教師除了學科教學外，應該利用機會將社會技巧納入教學活動設計中。

(2)將表10社會技巧訓練的主題和內容，進行班級團體活動設計並加以實施。

(3)社會技巧的運用訓練，教師應該結合學習活動的進行。

(4)班級管理出現問題時，教師可以考慮運用社會技巧訓練加以因應。

(5)社會技巧的訓練可以結合重大議題（或綜合活動）的教學。

(6)教師應定期評估學生的「社會技巧表現」，並依據缺失作改進。

七、以學習者為中心思考的教學

「教學應以學習者為中心，才能達到適性的效果」

教學活動的設計，多半是以「教師為中心思考」的教學模式，想要提升學生的學習效能，可以考慮運用「學習者為中心思考」的教學模式，透過以學習者為中心的教學策略，有助於提升學習效果。

㈠以學習者為中心的思考

以學習者為中心的思考，主要的意義在於透過對學生學習歷程思考的研究觀點，作為教學設計的依據，透過學習者為中心思考的模式，選擇適當的教學方法與策略，並進而做教學活動的設計。

㈡以學習者為中心思考的類型

有關學習者為中心的思考類型，Raths、Wassermann、Jonas與Rothstein（1986）指出，教育最重要的目標是教學生如何思考，而這15種思考將幫助學生學習。茲分述如下：

1.比較

要求學生比較事物時，學生的思考就開始產生。在學科學習上，可以要求學生比較兩種數學的證明方式；在科學方面，可以要求學生比較兩種科學實驗；在外國語方面，則可以比較不同的翻譯或不同的文學作品，或是訓練單字聽力上。在比較的同時，學生們也會相互學習，觀察到自己與他人的不同，而增加敏銳度。

2.摘要

總結的概念是在呈現上建構在簡短或是簡明的形式，在問題上作主

題式的重要陳述，這種概念是在意識上無遺漏重點，方法上則使用「一、二、三、四」的方法。最常用的機會是同時使用比較與摘要。

3. 觀察

在觀察之前是注視、注意及察覺。通常會使用到高度的注意力，為了目標而極度注意，會為了很好的理由去小心注意。當進行比較事物時，觀察的行為就在進行，學生們會專注在事件上，解決問題。運用觀察會使學習更加成熟。

4. 分類

當我們把事物分類在一起時，是依據內心裡思考的規則而定。對於國中學生，分類系統的要求，能協助學生建立更快速應用在學科學習上，提高學習效果。分類涉及到「思考」，有目標性的運作。分類的運作帶來更多有意義的經驗，分類涉及到分析假設，這種經驗對青少年的成熟很有幫助。

5. 解釋

當我們在解釋一項經驗，是為了自己而說明這個經驗的意義，解釋是一種放入意義和為自我經驗的說明歷程。某些時候，當解釋發生時，我們首先要描述和說明我們所接受到的意義。大部分的教科書都已過時，需要補充時下的教材，學生們學習去解釋一些瑣事，是幫助他們組織所思考的事情。

6. 批判

當我們批判，同時進行批評、分析與評鑑。批判主要不在於去發現錯誤或是指責，而是在對相同事物建立標準。學生喜歡批判，他們批評喜歡的事物或工作，當學生有批判的形勢，他們會被要求拿出證據來支持自己的論點，會尋找可以使用的標準，也會反對與應用這些標準。

7. 尋找假設

在小學是很少使用這個名詞，但也是基本思考的運作。假設是理所當然的事，假設什麼是真的，什麼是假，我們會思考真實的事情，運用觀察，不只有在特殊的脈絡上問問題。此思考的運作，可使用在數學的證明與分析假設、查證轉譯是否成立、科學實驗的結果與查詢假設。通常假設

的呈現是為持續證明視為理所當然的結論。

8.想像

想像組成的成分，是不具實際存在的想法，它是在腦海中所見到，並沒有全部經驗。想像、發明、假裝、創造是從生活中解放自我的方式。想像可以讓我們的想法更有彈性，想得更多，更有趣。

9.蒐集與組織資料

當學生獨立作業時，會啟動他們的好奇心，給予他們問題，他們會試著去解決。要解決問題，必須要調查、設計計畫、蒐集資訊、組織脈絡等，同時也要運用到比較與摘要的方式。對於公眾報告或在課堂上口頭報告時，我們會使用數種組織資料的方法，而蒐集與組織資料的呈現也正挑戰學生的思考情境。

10. 假設

這個假設是奠基在有可能解決問題的方法，所使用的假設。這個假設是暫定與臨時的。許多直覺與想法組成了假設，學生會參與試著可能的結果，這樣的假設會挑戰與引起學生的學習，也促使他們思考。

11. 在新情境下應用事實與原則

這是一般最常見的思考。數學與科學問題的浮現，幾乎立即成為這種移轉經驗的呈現。一般而言，學生在學到確定的規則、教條、法律等，會在相同情境下呈現和應用在新的情境，而成為一種挑戰。而成功的使用，必須要學生有效的理解這些規則。

12. 作決定

此重點放在法律、規則、日常生活或規定上。決定的因素，以及選擇最好的比較、觀察、想像、和直到現在的意圖。

13. 設計專案或調查方案

此方式適合國中生及國小高年級的學生。從專案的設計到學生對目標執行的慾望，當學生被要求去執行該項工作時，會被表明要求獨立工作、程序、綱要、完成的時間及調查，使這項工作能順利進行與完成。

14. 編碼

當學生用手寫筆記，通常被要求正確及清楚明白，因此，使用編碼方

式將經常使用的文字作編碼方式呈現。例如：價格增加就以符號「V+」表示。

15. 編碼其他的文件

以類似的編碼系統運用在其他文章上，當學生在找尋資料時，可以節省時間。

(三)在教學上的應用

以學習者為中心思考的教學，經過相當多研究上的證實，指出此種教學法對學生的學習效能提升，具有積極正面的意義。教師可以在進行教學設計時，考慮採用「學習者中心思考的教學方式」，作為改進教學的參考，透過教學方式的改變，以及教學模式的調整，引導學生進行正向思考的學習。

(四)以學習者為中心思考的教學理想

1. 以學習者為中心思考的教學想像

任何教學模式的應用，對教師的教學與學生的學習，都有正向積極的意義。不同教學模式，適用於不同的班級情境中。教師在思考教學設計時，不宜將教學活動固定於單一的教學模式裡，應該多利用機會考慮教學模式的實驗與應用，透過多方嘗試的教學試驗，改變教學慣性，調整學習步驟。

2. 教學上的改變

教師的教學活動思考，應該以學習者為中心進行設計，才能在未來的教學中達到適性的目標。因此，教師的教學方面應該考慮下列的改變：

(1)經常改變各種不同類型的教學，並且評估不同型態的教學效果。

(2)依據不同學科領域採用適當的教學型態。

(3)不同的教學模式，適用於不同的班級情境中。

(4)教師的教學應該要勇於改變，透過改變修正傳統的教學模式。

(5)教師可以透過學習者為中心思考的模式，選擇適當的教學方法與策略，並進而做教學活動的設計。

(6)檢討教學型態的不同，對班級教學有什麼影響。

八、永續學習的意義與應用

「為學如造金字塔，既要廣博又要高」
「學習的精神應如同滴水穿石的方法」

永續學習的理念，包括營造接納、和諧、便利、積極、安全的學習空間和環境，讓每一位學生都愉快且樂於學習的氛圍中。永續學習氣氛的營造，應該結合永續校園的觀念，讓所有的學生都可以感同身受校園學習環境的進步與美好，透過對學習環境的喜愛，使學生無論在何處、何種情境之下，都能熱愛學習，達成終身學習的目標。本章的主旨在於探討永續學習的藝術與想像，透過各種具體策略的應用，提供教師營造永續學習的班級教學環境。

學校教育的實施，希望可以透過環境、設備、師資、氛圍、資源等方面的整合，提供給教師和學生永續發展的機會，從學校教育活動的實施，引導學生養成永續學習的習慣。

㈠ 永續學習的意義

永續學習的主要意義，在於讓學習者不管任何情境條件之下，都可以熱愛學習，使學習活動持續進行，透過自動自發的學習精神，達到預期的學習目標。因此，永續學習的主要意義，包括下列幾項要素：

1. 永續學習是一種持續性的學習。
2. 永續學習不需要教師的鞭策或督導。
3. 永續學習是隨時隨地都可以進行的學習。
4. 永續學習沒有「失敗的經驗」。
5. 永續學習是一種充滿自由與和諧的學習。
6. 永續學習是一種沒有考試壓力的學習。
7. 永續學習不重視傳統考試觀念的學習。
8. 永續學習不在意目標而重視過程的學習。

(二) 永續學習的目標

永續學習的主要目標，包括下列幾個重點：

1. 學校能營造接納、和諧、便利、積極、安全的學習空間和環境。
2. 學生能在環境中愉悅且樂於學習。
3. 推行永續學習的觀念，讓學生都能感同身受校園學習環境的進步和美好。
4. 以長期的眼光規劃學校的學習環境，並充實學校學習資源。
5. 透過資訊融入教學設備與方便的使用平臺，讓學生可以隨時隨地進行學習。
6. 透過學校學習網絡的功能，可以達到各種學習目標。

(三) 永續學習的實施

永續學習的教學設計，教師應該要思考如何為學生營造一個沒有壓力、且學生樂於投入學習的情境。透過永續學習的教學設計，可以提供學生更多的學習資源，讓學生擁有更多的學習機會，從機會中嘗試錯誤，並且願意將多餘的時間，投入永續學習的教學活動中。

(四) 永續學習的教學想像

傳統的學校教育，不容易和永續學習（或終身學習）結合，導致學生離開學校之後，容易中斷學習活動。因此，學校教育應該為學生營造「永續學習」的環境，讓學生將終身學習的意願，深深植入內心世界中，將學習當作是終身大事。如果學校教育可以營造永續學習的氛圍，學生就會主動地學習、主動地求知，不必教師透過太多的策略（或制度），不斷地要求學生進行學習活動。教師的教學角色，就會從「知識的提供者」轉而成為「知識的諮詢者」。學生就會從「被動求知」轉而為「主動求知」。

第六章

學習效能的
學習藝術與想像

　　有關學習的定義，不同的文獻對於學習有不同的論點，例如行為學派、認知學派、折衷學派、人本學派等，對於學習是如何產生的觀點，持著不同的論述。而對於學習效能的定義，多半從個人先天遺傳基礎，加上後天環境努力學習的結果加以說明。一般所指的學習效能，指學習者透過教師安排的課程、教材教學，並經一段學習時間之後，所獲得之知識、情意與技能，通常是以學校考試成績或由學業測驗上所獲得的分數代表之。

　　本章的重點，在於說明學習效能在教學上的意義，提供教師在學習效能教學的藝術與想像，進而增進學生的學習成效。在內容方面，包括強化學習效能的教學、正視學生的學習型態、提升記憶技巧的教學、語文領域的學習策略、數學領域的學習策略、英語領域的學習策略、自然與生活科技的學習策略、社會科領域的學習策略等單元，從強化學習效能的教學概念出發，提醒教師在教學中，重視學生的學習需求、學習型態，在教學中強調學科領域的學習策略，引導學生瞭解「學習如何學習」的重要性。

一、強化學習效能的教學

「想要強化學習效能就要用對方法」
「提升學習效果要靠方法策略應用」

　　一般學習效能的強化，包括課堂準備要領與高效能的學習策略。在班級教學中，要利用時間教導學生進行學習效能方面的學習。教師在教學學生學習效能時，比較常忽略的是課堂準備的要領。

㈠課堂準備的要領

Ron Fry（蔡朝旭譯，1994）在如何學習當中指出，課堂前準備分為：

1.一般性課前準備

　　包括：(1)做完所有功課；(2)複習筆記；(3)準備問題；(4)準備需要材料：兩孔或三孔資料夾，將一天或一週筆記用釘書機釘在一起，再和講義作業簿放在一起；用獨立的筆記本；(5)心態準備：積極投入學習。

2. 課堂中準備

包括：(1)環境：選擇坐在前面、避免和會干擾你的同學同座、抬頭挺胸；(2)注意聽口頭說明；(3)留意非口頭傳遞的訊息；(4)問問題；(5)錄音的選擇：錄音的壞處在於浪費時間、對複習幾乎毫無幫助、花錢；好處在於因感冒而頭昏腦脹時，可以派上用場；(6)瞭解整體概念；(7)上課只抄重要筆記。

3. 下課後準備

包括：(1)複習你的筆記；(2)把新功課填入每週行事曆中。

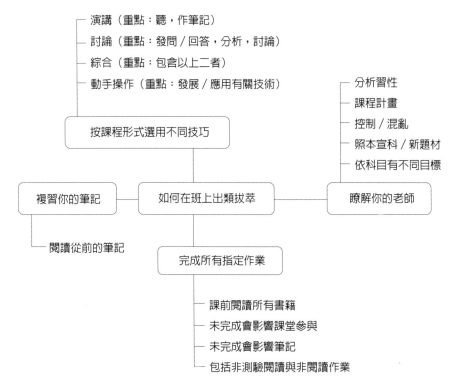

圖9 課堂學習架構表

蔡朝旭（譯，1994）。如何學習（How to study）。Ron Fry原著。同學出版有限公司。

(二) 高效能的學習策略

高效能的學習策略，必須依據學科學習性質，做學習策略的擬定，有關高效能的學習策略，如孫瑞良（1999）指出，針對的國中生學習策略：

1. 課前預習：最積極的讀書方法。
2. 課中溫習：將預習不懂之處，聽老師如何說明。
3. 課後複習：第三次再看，可將重點整理成筆記。
4. 有錯必考：每次考試的錯誤，必訂正在筆記本。
5. 有疑必問：有疑問，必然請教老師或優秀同學。
6. 有空必讀：一有空閒時間，應拿起重點K一K。
7. 每日安排兩門主科、一門副科之複習。
8. 每週安排上學期單科單冊之複習。
9. 每月安排高中職等試題做練習。

(三) 強化學習效能的教學意義

教師在班級教學中，應該利用時間教導學生「學習效能」的學習，引導學生透過高效能的學習策略，作為學習輔助之用。在學習過程中，想要在學科領域學習方面，有好的學習成效，就必須配合學習效能的應用。

(四) 強化學習效能的教學想像

1. 強化學習效能的教學理想

教學與學習的相互配合，是提升教學效能與學習效能的最好策略。教師想要提升教學效能，就必須考慮學習效能的教學，讓學生學會運用「高效能的學習策略」，並且熟悉各種學習策略的運用，在遇到學習困難的時刻，巧妙地透過學習策略的使用，解決來自學習上的困難，降低學習上的挫折，才能在教學活動中得到加倍的學習效果。

2. 教學上的改變

教師的教學要顧及教學效能，也要兼顧學習效能。因而，教師在強化教學效能方面，必須從教學活動作適度的改變，唯有教師改變教學模式，才能激發學生的學習動機，提升學習效能。

(1)蒐集教育研究中的高效能學習策略，作為教學設計的參考。

(2)利用機會請學生分享學科領域學習策略，尤其是平時考試得高分的學生。

(3)分析高效能學生學習策略的內容，並提供班級學生作為學習上的參考。

(4)分析高低效能學習策略的差異，引導學生進行學習策略的運用。

(5)比較高低學習策略的差異，並據而擬定各種類型的學習策略供學生參考。

(6)學習策略的運用應該是「動態的」、「變動的」。

二、正視學生的學習型態

「學習型態指的是學生學習的認知歷程以及慣用的方法」

相關的學習理論研究指出，學習者處於不同的環境當中，會比較願意去學習，或是不願意去學習的現象，其中最被重視的研究主題，包括場地依賴（field dependence）和場地獨立（field independence）的學習型態。

㈠場地依賴與場地獨立型的學習特徵

場地依賴型和場地獨立型的學習，是來自於學生的人格特質與生活的社會文化，不同的人格特質形成不同的生活，以及特殊的學習方法。有關場地依賴與場地獨立型的學習特徵，參考表11（郝永威等，2011）：

表11　場地依賴型和場地獨立型的學習特徵

場地依賴型的學習特徵	場地獨立型的學習特徵
1.察覺到概念與教材的整體性	1.專注在課程與教學資料的細節
2.將課程個人化——把所學概念連結到個人經驗	2.專注在事實與原則上
3.尋求教師的指導與演示	3.很少尋求與教師的肢體接觸
4.尋求可以加強和教師關係的獎勵	4.和教師的正式互動僅限於進行中的課程（尋求非社交性的獎勵）
5.偏好和他人一起工作，對他人的感覺意見很敏感	5.喜歡自己一個人工作
6.喜歡合作	6.喜歡競爭
7.喜歡由教師來組織	7.可以自己組織資訊

㈡ 場地依賴與場地獨立型的教學策略

由於場地依賴與場地獨立型的學生，在學習方面的特徵差異性相當大，教師應該在教學中，依據不同學生的學習型態，考慮採用不同的教學策略，才能因應學生在學習型態上的特性和需要，如果教師的教學忽略學生的學習，則教學效能無法達成預期的目標。有關場地依賴與場地獨立型的教學策略，請參考表12（郝永威等，2011）：

表12　場地依賴型和場地獨立型的教學策略

場地依賴型的教學策略	場地獨立型的教學策略
1. 以肢體或口頭的動作表示認可或關心	1. 和學習者的互動是直接的，展現對內容的專注
2. 以社交性或實際的獎勵來激勵	2. 使用非社交性的鼓勵，例如成績來激勵
3. 採用合作學習的策略	3. 採用較多的精熟學習或無錯誤教學策略
4. 經常採用改正性的回饋	4. 只要必要時才採用改正性的回饋
5. 在學習中允許互動	5. 強調獨立自主的作業
6. 組織課業、計畫或家庭作業等	6. 允許學習者發表自己的架構
7. 教師來擔任發表、演示、檢查、給予增強、打成績、教材設計的角色	7. 教師擔任諮詢、傾聽、協商與輔助的角色

㈢ 教師如何正視學生的學習型態

教師在班級教學中，應該透過各種方式瞭解自己的學生，例如採用測驗工作、平時觀察記錄、教師晤談等方法，瞭解班上的學生哪些是屬於獨立型的學習型態，哪些是屬於依賴型的學習型態，此二種型態的學生在學習方法的表現上，有什麼重要的差異，這些差異對教學有什麼重要的意義，如何將這些差異作為教學設計的參考。此外，在教學活動實施中，不同型態的學生，教師可以採用哪些有效的策略，以符合不同學習型態學生的需要。

有關教師將學習型態融入教學活動中，可以考慮下列主要的步驟：

1. 接新班級時和原班級導師作學生學習上的交接。
2. 詳細閱讀班級學生的學習資料，並做簡要的學習標註。
3. 利用學習方面的測驗工具，瞭解學生的學習情形（例如學習方法、學習型態、學習策略等）。

4. 將學習測驗的結果做簡要的解釋。

5. 利用時間找學生進行個別的學習型態晤談。

6. 考慮有哪些有效的教學策略可以運用。

7. 檢視適合不同學習型態學生的教學策略。

8. 做成學習學習型態與教學策略方面的紀錄。

9. 形成教師教學效能模式。

㈣學生學習型態在教學上的想像

1. 學習型態在教學上的理想

學生學習型態方面的研究，已歷經多年的研究成果，值得教師教學上的參考。儘管，優質的教師教學不應該受到學習學習經驗與學習型態的影響，想要在教學活動實施中，顧及個別學生的差異，教師就必須從學習層面瞭解教學需要考慮的重要因素。唯有考慮學生的學習型態，才能在教學設計時面面俱到，推出符合學生需求的優質教學。

2. 教學上的改變

教師在考慮學生學習需求，改變教學策略方法時，應該要避免不當的刻板印象，或是將自己的價值觀強加在教學上，認為自己所「認定的教學」是最好的，最適合的。當教師在進行教學設計時，避免將學生「視為空瓶子」，在課程與教學中的概念倒進瓶子中，而是運用自己的專業判斷，決定最佳的教學策略。

三、提升記憶技巧的教學

「透過提升記憶技巧的教學才能擴充學生的學習技術」

教學活動的實施，想要學生記住學科領域的知識，就必須透過學生記憶技巧的運用。一般教師在教學中常常強調知識的重要性，並透過耳提面命的方式，要求學生將教師提示的重點記起來，可是教師的教學中並未提醒學生記憶技巧的應用。本文內容重點在於提示教師，可以融入教學中的記憶技巧，透過記憶技巧的教學，有助於提升學生的學習效果。

㈠記憶時間管理策略

記憶時間管理策略，可以概分成下列幾項要點：

1. 擅長的學科以2小時爲宜。

2. 不擅長的學科以30分到1小時爲宜。

3. 晚上學過的東西利用早上10分鐘複習。

4. 第一次複習的時間安排在讀後12至24小時之間。

5. 第二次複習的時間安排在讀後一星期之後。

6. 最後一次複習排在三星期之後。

7. 複習時間安排：20分鐘後、1小時後、過夜後、一天後、二天後、一週後、一個月後。

㈡感官學習運用策略

感官學習運用策略，依據相關的研究，可以分成下列幾項：

1. 對要記憶的資料感興趣、愉快感。

2. 口說：有節奏說出來、用自己的話說出來。

3. 眼看：抓住特點、視覺化。

4. 心信：相信自己、意圖、動機、慾望、專注。

5. 手動：做筆記。

6. 耳聞：專注聽講。

7. 腦想：理解。

8. 心、目、口、手、耳、腦並用。

㈢記憶技巧運用策略

1. 聯結法：聯想事物幫助記憶。

2. 心像法：具體圖像幫助記憶。

3. 理解法：理解要記憶的內容。

4. 筆記法：利用筆記再次練習。

5. 複習法：早期複習、規則定期複習。

6. 自我測驗法：覆述、自我小考。

7. 自我增強法：給予實質的鼓勵。

㈣記憶術的運用策略

1. 歌唱：例如：以詩歌、韻文方式背唱或背誦化學符號法。
2. 聯想：例如：新的單字與舊的單字相互連結。
3. 組織：課程作有系統的整理，將它們互相關聯地組織起來。
4. 分類：相反、相近、規律性、共同性。
5. 頭尾：重要的事項放在開頭和末尾去記憶。
6. 精減：記憶其中的大多數的時候，只要記憶其餘部分就行了。
7. 圖表：繪圖製表。
8. 模式：找出規則，幫助記憶。
9. 頭文字：使用頭文字法來記憶，抓住字頭來記憶。
10. 諧音：把想要記憶的歷史事件作成有關的短文，把年號讀進短文中去。
11. 整體記憶：記憶資料不多時，以一氣呵成為主。
12. 少量記憶：記憶資料太多時，以分開記憶為主。

㈤記憶原則

1. 主動性地自我測驗或複述。
2. 一次記憶的事項以七個以下為最佳。
3. 隨時默記。
4. 考查有關事項，為記憶打下基礎。
5. 組織思考事實或觀念，形成意義模式。
6. 注意相關背景知識。

㈥提升記憶技巧的教學想像

1. 提升記憶技巧的教學理想

教學活動的實施，需要配合高效能的學習策略，當教師要求學生在教學活動中，展現出良好的學習行為，也應該提供學生良好的策略，引導學生進行高效能策略的練習，透過策略的應用和方法的模擬，學生才能從學習中得到應有的「成功機會」。

2. 教學上的改變

提升記憶技巧的策略教學，可以幫助教師在教學過程中，指導學生針對重要的學科學習，進行學習效果的提升。當教師要求學生進行效能學習時，也應該針對學生的學習策略應用，進行技巧上的應用教學，幫助學生提升學習效能。上述的提升記憶技巧策略，包括記憶時間管理策略、感官學習運用策略、記憶技巧運用策略、記憶術的運用策略、記憶原則等方面的運用，必須配合教師的教學活動，以及學科領域的教學，才能發揮預期的效果。

四、語文領域的學習策略

「語文領域學習策略在於記憶、理解、應用」
「不同學科領域的學習，需要配合不同方法」

不同領域的學習，需要不同的學習策略配合，才能提升學習的成效。語文領域的學習重視字彙量的增加、詞彙的理解、抽象詩詞的瞭解等。有關語文領域的學習策略，簡要從國語文領域的學習方法、記牢課文的方法、語文科的重點、國文的學習要領等，簡要說明如下：

㈠國語文領域的學習方法

有關國語文領域的學習方法，艾天喜（編著，1998）指出國文領域的學習方法如下：

1. 準備「國語辭典」：查字典是加強國語能力的絕對條件，預習時，對新課文一定要做分析，對全課大意、分段大意有大致的瞭解為止。
2. 準備筆記簿：讀書時要做筆記，記錄各種新字詞及各種解釋，每天整理。
3. 不懂之處詢問老師。
4. 讀書的能力是萬事的基礎：凡讀書能力差的人，所有學科的成績都不會好。

㈡牢記課文的方法

牢記課文對國語文領域的學習，是重要的關鍵，有關牢記課文的方法，依據林芸英（編著，1994）提出記牢課文的方法簡要說明如下：

1. 把課文和以前的知識聯繫起來。
2. 用有變化的聲調，富於表情地把課文大聲地讀出來。
3. 如果可能的話，把課文的內容，用圖解的方法表現出來。
4. 試著用自己的話把課文精密地說出來；或用較少的話，講述課文大意；或用比課文多幾倍的話，來詳細解釋課文等，幫助自己瞭解與記憶。
5. 對此篇課文寫讀後感，或是想出新的例子來解釋它，特別是和同學們對這篇課文加以討論。

㈢國文科重點的學習要領

有關國文科重點的學習要領，孫瑞良（1999）指出，國文科重點：

1. 注意每課題解的作者介紹。
2. 瞭解各課文主旨。
3. 熟記特殊發音。
4. 重要注釋整理。
5. 課文重要語句分析。
6. 六書的組合。
7. 各朝代的文體結構及代表人物。
8. 應用文的寫作方法。
9. 論語要語句應用。
10.「生活化」的作文題目。

夏永維（2000）指出，國文是所有學科的基礎，國文表達、學習能力好的人，在學其他外語時也能較快進入狀況，平時應儘量閱讀文學作品，多作比較，掌握考題的大方向；多唸《論語》及時事結合，有助於作文寫作。

㈣國文科的學習要領

有關國文科的學習要領，林進材、林香河（2012）指出，國文科的學

習要領，簡要說明如下：

1. 每天寫日記時，將國文課本中重要的成語標示出來。
2. 國文課本中的名詞要多看幾遍，並且要記下來。
3. 不容易背起來的生字，要記得多寫幾遍，並且找機會練習。
4. 如果讀國文感到無聊時，可以將課本中的重要名詞多寫幾遍。
5. 利用自己的零用錢買幾本情書模擬練習。
6. 參考書中的練習題，一定要記得隨著教師的進度做練習。
7. 養成閱讀報紙的習慣，尤其是報紙中的社論。
8. 將報紙中的社論蒐集整理，並且將重要的名詞標示出來。
9. 想想看怎麼將優美的詞句運用在生活中。

㈤ 在教學上的應用

語文領域的學習策略，在教學上具有正面積極的意義。在學校學科領域學習中，如果可以運用正確的學習策略，加上教師給予適當的引導，就能提升學生的學科領域學習效果。如果，教師可以依據不同學科領域，研擬高效能的學習策略，並且將這些策略整理，融入教學活動中，則教師不必花過多的時間，在學生的學習指導上面，就能提升學生的學習效果。

㈥ 學習策略在教學上的想像

學習策略的應用，是增進學習效果的關鍵。任課教師要能針對學科領域的學習策略，提供學生應用學習策略的機會，並且從學科學習中印證學習策略的效果，從學習策略的應用，建立屬於自己的「學習模式」與「學習風格」。

五、數學領域的學習策略教學

「數學領域學習策略在於計算、理解、分析」

數學學科領域的學習，是所有學科當中最讓學生感到沮喪的科目。因此，數學領域的學習策略教學，應該列為教學改革的重點科目。有關數學

領域的學習策略方面，加以說明如下：

㈠**數學數學領域的學習方法**

張景媛（1998）提出數學學習歷程統整模式（如圖10），並指出「後設認知」是人類在從事思考活動時的最高層系統，尤其是學生在從事數學解題時，所使用的各種認知策略，都是由後設認知所決定的，但是學生是否有意願去用這個策略，則是受到學生個人動機信念的影響。

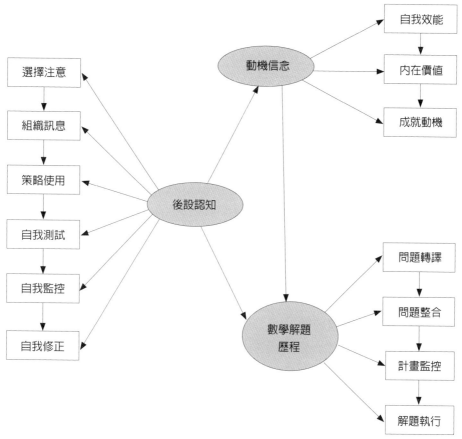

圖10　數學學習與教學

資料來源：張景媛（1998）載於林清山（主編，1998）。有效學習的方法。臺北：教育部訓育委員會。p.129。

此外，有關數學領域的學習方法，艾天喜（編著，1998）指出，數學領域的學習方法如下：

1. 計算要熟練：要算得正確且快，盡可能簡明去做，多準備問題練習型的參考書。
2. 圖形要論證：把所學習的定理完全記住，解題時要用直覺想像，多做各種練習。
3. 白報紙、圓規與三角板：解答的工具。
4. 用教科書預習，用問題來複習：先做教科書中的題目，而後再做範圍廣些的題目；複習時多做問題，經二、三天再做程度較高的問題。筆記整理有絕對必要，尤其是數學，不親自去寫，無法獲得實力。
5. 互相提出問題：小組學習，更重要是要靠自己的力量去學習。

(二)數學的計算要領

小林良彰（陳麗惠譯，1998）指出，數學和物理、化學的計算題，無論如何都得使用計算來解答，自己動手畫圖形、畫線，一定要動手算看看。若要使用圓規和尺，一個一個圖仔細地畫的話，時間是不允許，必須訓練自己能夠用一枝鉛筆就迅速地畫出圓和三角形。而在考試時，步驟要確實寫下來。此外，這些題目勿因思考太久而浪費時間，這不是在作研究，而是在作綜合性的學習，老老實實地記住就可以了。

(三)數學學科準備要領

孫瑞良（1999）指出，數學科準備要點領如下：

1. 課前預習：課前「先想過一遍」或「先算過一遍」；課堂上講解時，已名正言順地複習；下課後研讀就是第三遍。
2. 養成整理公式的習慣：數學的公式與結論需要用心去整理及記憶，才能在考場上發揮最大功效。
3. 培養自己常算題的興趣：數學算式的導引過程要常常演練，可以提升解題速度，加強爾後面對題目的信心。
4. 瞭解整個國中數學在講什麼。

5. 冷靜思考、細心計算。

6. 重視基本科學概念及方法。

7. 以科學態度面對實驗，並強調數據的解釋以及實驗結果之分析。

8. 避免純粹套用公式的計算題目，或是雖名為實驗題但實質上只涉及數學應用的計算。

9. 融會貫通各章節的重點，避免片段的概念記憶。

夏永維（2000）指出，數學一向是各科目中難度最高，應以課本為主，剩下是課本觀念的延伸。勤於練習課本上的範例、習題、課本提過的定理、公式全整理記住；複習時要閉上眼想想這一節講的內容為何，全盤通曉後再進入下一章節。

㈣ 數學拿高分的訣竅

周雯菁、周欣怡、周佳敏（2003）指出，數學要拿高分有訣竅：

1. 數學如果是不擅長或不喜歡的學科，更需要花點時間去接觸它。

2. 從最簡單的基礎打起。

3. 真正瞭解公式的來源和解題的邏輯。

4. 把解答拿起來自己思考如何解題，多算一些題目。

5. 課本的重要理論、公式、圖表、方程式要徹底研讀。

6. 基礎穩固了，再做有變化的題目。

㈤ 數學的學習要領

林進材、林香河（2012）指出數學的學習要領：

1. 上課時專心聽講，並且瞭解數字本身所代表的意義。

2. 聽清楚數學的各種公式是怎麼來的。

3. 將數學的各種公式抄寫幾遍，並且多加運用。

4. 課本中的練習題一定要反覆練習，直到熟練為止。

5. 數學公式要整理好，並且在公式旁邊標記上數字。

6. 數學課本的內容一定要反覆練習，直到熟練為原則。

7. 每一種數學概念要練習三遍以上。

8. 學習數學要從最容易的開始，讓自己有學數學的成就感。

9. 數學高分的要領在於反覆練習，不同數字的練習。

10.數學的習題要在每天最清醒的時間做練習。

㈥ 數學領域的教學想像

數學學科的學習，是所有學科學習中，學生最感到沮喪的一門。因此，教師應該想辦法透過數學學習策略的分析，將數學學科學習的困難度，降到最低且避免學生「學習困難」。好的數學教學，應該讓學生一目了然，學生不必花太多的心思，就可以在數學學習上獲得高分。

六、英語領域的學習策略

「英語學習策略在於多唸、多讀、多用、多寫」

英語領域的學習策略，需要教師在英語教學前，將各種有效的學習策略，融入英語教學中，引導學生透過英語學習策略的練習，提高學生的英語能力。

㈠ 學好英語的要領

張春興（1984）指出，生字終須變為個人的熟字，才能使語文進步。生字旁註解易使人閱讀時產生依賴心理，將注意力轉向中文註解，最好的方式為：

1. 文中生字只編號碼，不加註中文。

2. 中文註解為求省事，可以不寫英文。

3. 寫在固定位置。

此方法有二種好處（張春興編著，1984）：1.有助增加對生字的記憶能力；2.有增強作用。另一種方法則是只查不寫，忘記再查，三番兩次復查結果，總會將生字變為熟字。此方則適用於語文程度較好、生字較少的學習者。

英語的學習之難點不在文法，而在單字的記憶，單字要先選擇使用度最高的一千字先記，然後循序漸進；多閱讀簡易之書籍，增強單字之

記憶：開始記憶英語單字時，要以聯想將單字固定於心中（黃揚輝譯，1993）。

　　㈡**英語領域的學習方法**

　　英語領域的學習方法，艾天喜（編著，1998）指出，英語領域高效能的學習方法，包括下列要領：

1. 一定要自己做單字簿：不懂單字根本談不上學英語，一定要使用自己製作的單字簿。

2. 要多寫：使用白紙與鉛筆，無論如何就是多寫，即使一句、一語也好，儘量多記憶。

3. 唸出聲音來：讀英語時一定要唸出聲音來，此作法可以幫助記憶，發音也會進步。

4. 背書：英語的學習，要在無意識中能隨時說出才算成功。英語的基礎在中學就要打定，能好好背唸的人，對英語文法的理解也能加強。

5. 預習時先查單字：先把課文讀一遍，不懂的字要寫出來，其次再試著去解釋。另外要注意到片語。

6. 介系詞也相當麻煩：似懂非懂的句子，最好能查辭典或參考書。上課時注意聽講，事先準備。

　　小林良彰（陳麗惠譯，1998）指出，英語的實力和單字的數量成正比，如果是以基測為目的，英語單字量大概是三千個重要的單字。單字的記憶法：

1. 使用單字本，將單字與中文解釋記下，在背誦時，蓋住中文解釋，要訓練自己看到英語單字就能說出中文解釋，反之亦然。

2. 單字卡的使用，親手製作，利用5或10分鐘的短暫時間來翻閱。

3. 反覆的練習。

　　㈢**提升英語能力的方法**

　　艾天喜（編著，1998）指出，要提升英語能力，一定要能閱讀外文書籍。閱讀外文書籍有以下的技巧：

1. 興趣是發明之母：語言程度不十分好，不如挑選自己想要知道的內容來讀比較理想，引起興趣。
2. 淺易的內容：內容愈淺愈好，因為受語言知識的限制，若要閱讀內容深奧難懂的書籍，精力、時間都要花得很多。
3. 只讀教科書，外文不會進步。
4. 閱讀外文的報紙、雜誌和小說。
5. 學習外文最理想的書：是從我們本身所最需要閱讀的書本開始。
6. 可使外文迅速進步的方法：報紙上的文章，從日常會話著手；其次是文學，應找切合需要、淺易的英語書籍來閱讀。
7. 如何閱讀外國小說：善用外國小說翻譯本來輔助閱讀。
8. 適當閱讀外文書籍可以擴大視野。
9. 東洋和西洋的關係：站在讀書的目的而言，不要閱讀深奧難懂的書，文字愈淺易愈好，愈單純愈理想，以明晰清楚為最重要。

孫瑞良（1999）指出，英語準備要點：
1. 生字要牢記。
2. KK音標發音及應用。
3. 重要片語及其運用。
4. 文法重點。
5. 好環境是塑造出來的。
6. 多聽、多說、多讀、多寫。

夏永維（2000）指出，英語最大的問題，在於自信心，學習語言與練習有關，包括：
1. 聽：收聽廣播節目、看英語節目、電影。
2. 說：組成會話小組，每週選一、二天的時間，用英語交談，順便加強聽力。
3. 讀：閱讀課本是必要的，可多讀有趣的報紙短文或英語漫畫。
4. 寫：養成寫英語日記的習慣，平時思考時也儘量用英語想事情。

黑川康正（2001）指出，語言基本上都必須有「看」、「寫」、「聽」、「講」四樣能力：

1. 增強「看」的能力：多閱讀一些輕鬆消遣性或有翻譯的英語書來讀，此外，也訓練閱讀英語報紙。
2. 加強「寫」能力：列出單字、注意文法、硬性規定自己要用英語書寫。
3. 加強「聽」的能力：電影、電視、廣播等，徹底加以利用。
4. 加強「講」的能力：講話、會話、對話等。

樋口健夫（李麗眞譯，2009）指出：

1. 預習英語讀本時，可在大型筆記本正中劃一條直線，左邊直接抄下課本內容，右邊則自行翻譯成對照的本國文字。
2. 在預習的階段熟記英語，先將最新章節課文，清楚地抄在筆記本上，不斷重複地在其他頁面同時覆誦，藉以熟記，而且必須每天不厭其煩地一再複習。
3. 透過一再複習，上課時就不需要看課本或筆記本，只要在筆記本上寫下老師補充的單字、片語或註解即可。

㈣ 學習英語的要領

林進材、林香河（2012）指出英語的學習要領：

1. 由簡單到複雜、由具體到抽象、由物品到形容詞。
2. 英語的學習要領在於多看、多聽、多寫、多練習。
3. 將26個英語字母讀熟，並瞭解它們的自然發音。
4. 英語單字要隨時多讀幾遍，並且利用零碎時間記憶英語單字。
5. 英語的動詞、名詞、形容詞、被動式、現在式、過去式、未來式等方面的運用要熟練。
6. 將家裡的物品以英語名字標記上，並且隨時閱讀。
7. 時間允許的話，每天看20分鐘的CNN新聞報導或英語新聞報導。
8. 將國中階段需要運用的單字，做成單字卡隨身攜帶。
9. 讀、寫、聽、說、講、想、看一起來。
10.將不會的單字多寫幾遍，直到熟記為原則。

㈤英語教學上的想像

英語教學想要提高學習效能，最理想的方式是提供英語的「學習和使用結合」的環境，透過「學習需求和生活使用」關鍵性的連結，並提供高效能的英語學習策略，有助於提高學生對於英語學習的動能。上述的英語學習要領與英語學習策略，提供讓教師作為教學設計的參考，想要提高學生的英語語言程度，就必須使用正確的方法，指導學生進行英語語文的學習。

七、自然與生活科技的學習策略

「自然與生活科技的學習策略在於操作、分析、歸納、解釋、對照」

自然與生活科技領域的教學，側重於實驗活動的進行，以及自然界物理化學現象的解釋。因此，學生在學習過程中，會比較偏重於教師的講解和實驗活動。

㈠自然與生活科技的學習方法

自然與生活科技的學習方法，艾天喜（編著，1998）指出，可以考慮下列方法的應用：

1. 要實際的操作

預讀課前實驗操作，可以發現不能理解的地方，做到這程度，預習就算完成。

2. 當天整理作業簿

複習要靠筆記本來整理，為此需要一至一個半小時，最好能在上課完畢後當天完成，清楚、簡單、明瞭的整理。記錄上按照順序正確的理論寫出，再參考教科書對照書寫。

3. 圖式化可以幫助記憶

生物的學習大凡以圖片、理解、記憶為主，故筆記整理是必要的；化學實驗用圖表示亦也比文章更容易懂，在圖下寫化學式或數字則可。製作

圖表時一定要理解。

4.數學與英文的作用

理科的學習可以應用數學的學習方法，多作練習，記住原理、記號或公式。最重要是自己製作。

此外，夏永維（2000）指出，注重演算，盡可能掌握好基本的定理、定律、計算公式；實驗題要儘量多動腦思考其步驟和結果。

(二)**物理化學的學習要領**

有關物理、化學的學習要領，林進材、林香河（2012）指出如下：

1. 理化科目關心我們各種日常生活所需，因此理化要和生活結合。
2. 理化科目的學習重點在於邏輯和思考技巧。
3. 理化的各種公式，一定要記下來，並且做學習上的各種歸納。
4. 將理化課本中重要的概念，和生活中的重要事項連結起來。
5. 理化課本、參考書中的重要概念，必須做重點式的標示。
6. 理化的各種重點要和實際的生活例子做結合，學習效果才會好。
7. 理化教師的上課筆記，一定要儘量詳細而且簡化，隨時提醒自己。
8. 將理化的各種公式，用數字作適當的說明。
9. 理化科目的學習通常和生活是息息相關的，所以舉實際的例子是相當重要的。
10.理化科目的學習，一定要強調概念的瞭解，而後再強調實際例子的應用。

(三)**生物的學習要領**

林進材、林香河（2012）指出生物的學習要領：

1. 將各種生物的掛圖，用重要的名詞標示出來。
2. 學習生物最好的方法是「實物對照法」。
3. 學習人體器官時，和身上的器官對照，就可以瞭解所有的概念。
4. 學習生物要領在於從自己到他人，從人類到低等動物，從動物到植物，一一循序漸進。
5. 將抽象的生物概念熟記，最好的方法就是和周遭的生物作對照。

6. 將生物中的各種重要概念，和各種生物掛圖或圖片相對照。

7. 做筆記時，可以將各種圖片影印，並且將重要名詞標示出來。

8. 考慮將生物的各種圖片，張貼在書房裡的書桌前面。

9. 做筆記劃重點，對生物的學習具有正面積極作用。

㈣ 學習方法在教學上的應用

綜上所述，自然與生活的科技：1.基本學習方法：(1)預讀實際的操作；(2)當天整理作業簿；(3)多作練習，記住原理，記號或公式；(4)最重要是自己製作。2.理化的學習要領：(1)理化概念要和生活結合；(2)重點在於邏輯和思考技巧；(3)理化公式要記下來，做學習上歸納；(4)筆記要做重點式標示；(5)製作圖表時一定要理解。3.生物的學習要領：(1)生物圖中重要的名詞標示出來；(2)最好的方法是「實物對照法」；(3)做筆記時將各種圖片影印名詞標示出來；(4)做筆記劃重點。

教師在教學活動的規劃設計時，宜將上述的學習方法與策略納入教學活動中，指導學生運用學習策略與方法，提升自己的自然與生活科技的學習成效。

㈤ 學習策略應用的教學想像

良好的教學活動，應該結合高效能的學習策略，教師在進行教學設計時，應該將學科領域的學習策略，作分析歸納並轉化成學生可以理解的方法，在教學活動進行時，透過學習策略的教導，引導學生用高效能的策略，進行自主性的學習，同時也能幫助自己進行學習活動。

八、社會科領域的學習策略

「社會科領域的學習策略在於整體概念的掌握」

社會科領域的學習，是所有學科中比較輕鬆，但需要有效方面的配合，才能學好社會科領域。有關社會科領域的學習，簡要說明如下：

㈠社會科領域的學習方法

林芸英（編著，1994）指出，歷史科的學習，最初由教科書學得的史實，第二次則由歷史地圖中加以確認，第三次則參考其他參考書的記述，第四次從有關考題的其他資料來加以溫習研究。

艾天喜（編著，1998）指出，社會科學領域的學習方法：

1. 預習時只略讀即可：碰到困難的馬上做個小記號。
2. 利用地圖學習地理：使用描圖紙複製二地圖，一張寫入地形或縣市、國名；另一張寫入產業或都市交通。當兩張地圖重疊時，產業與都市之關係會自然顯現。
3. 自己製造年表：依教科書的附錄歷史年表製造，寫入以教科書為中心的事件及課堂所教的事件。
4. 學習社會科要先瞭解內容：把新內容正確記住，可以輔助一本要點整理型的參考書。
5. 圖式化：用箭頭或地圖來表示文化遷移等資訊，最好是邊看邊寫入。

小林良彰（陳麗惠譯，1998）指出，社會科單純記憶即可的科目，最好抽取重點部分，一個項目一個項目整理筆記，藉著自己整理、自己寫，也會助長記憶。考前快速地重複溫習這份筆記是很重要的。

㈡社會科的準備要點

孫瑞良（1999）指出，社會科準備要點，可以參考下列：

歷史：1.古今中外文化特色；2.各朝代的重要政治決策及衰亡；3.戰爭、條約與其影響；4.各國革命的緣由及影響；5.朝代的興亡史及連貫性。

地理：1.瞭解本國（區）地理位置、地形、氣候、交通、產業等；2.行萬里路之精神來認識世界各國，並與本國地理相同；3.隨時準備地圖在身邊唸的習慣，最好能夠熟悉整張地圖的模型架構。

夏永維（2000）指出，將課本讀熟外，應注意新聞時事的配合。歷史要將類似的事件、同年代事件比較，時間條理尤其重要，尤其具重要時代

意義的事件，最好不厭其煩地用手寫幾遍以強化記憶。留心「比較題」、「原因題」、「排列題」、「讀圖題」、「時事題」。

㈢學習地理歷史的方法

周雯菁、周欣怡、周佳敏（2003）指出，學習地理的方法如下：

1. 唸外國地理時，想像自己到某個國家玩。
2. 想像過的東西，印象加深，提升學習效果。
3. 按部就班複習。
4. 做筆記。
5. 世界觀，心中要有一張世界地圖。
6. 要記憶深刻，要有圖像化的能耐。

周雯菁、周欣怡、周佳敏（2003）指出，學習歷史的方法：

1. 掌握每個時代特色，建構鮮活歷史圖像。
2. 以人、事、時、地、物為首，瞭解前因後果，有整體概念。
3. 圖表幫助記憶，重點整理。
4. 熟讀課本，力求甚解。
5. 平時多閱讀課外讀物，增加歷史感。

王維（2003）指出，利用想像力提升學習力，例如：讀到巴黎凡爾賽宮時，想像宮中美麗的壁畫、華麗水晶吊燈呈現眼前；讀地理，可以循著地圖上的城市、河川，一個接一個旅行到下一站。

林進材、林香河（2012）指出史地的學習要領：

1. 家裡至少要有世界地圖（地球儀）、中國地圖、臺灣地圖三種。
2. 地理的學習要讀到哪裡，地圖標示到哪裡。
3. 利用課餘時間，畫一張歷史系統圖，以中央線區分，左邊為西洋歷史，右邊為中國歷史，中間線為西元年。
4. 在歷史系統圖上標示重要的歷史事件。
5. 將歷史的人、事、時、地、物等標示出來。
6. 讀地理時順便將地圖上的位置標出來，想一想地理位置本身代表的意義。

7. 將地圖上的重要地點標出來，並且將重要性標示上。

8. 讀歷史的訣竅在於人、事、時、地、物等關鍵的掌握。

9. 上課專心聽講做筆記，勝過下課之後花時間死記死背。

10.在閱讀圖上標示各種重要人、事、時、地、物等。

㈣社會科領域在教學上的應用

綜上所述，社會科學領域的學習方法可歸納為：

1.歷史科的學習方法

(1)教科書學得的史實；(2)歷史地圖中加以確認；(3)參考其他參考書的記述；(4)有關考題的其他資料來加以溫習研究。而歷史的學習重點：(1)自己製造年表；(2)掌握時代特色，建構歷史筆記；(3)留心各項考題方法，如「比較題」、「原因題」、「排列題」、「讀圖題」、「時事題」。

2.地理科的學習方法

(1)地圖標示所讀位置；(2)製作地圖筆記；(3)瞭解地理位置與相關氣候、經濟等；(4)心想地圖，強化記憶。

㈤社會科領域的教學想像

社會科領域的學習，需要學生運用更多的想像力、統整能力、系統化能力，才能學好社會科領域的學習。教師除了在社會領域的教學中，依據歷史、地理等科目，將學習策略彙整好，並且提供學生在學習上的參考，才能使社會領域的教學實施順暢，並且達到教學的樂趣化、效率化。

知識活用的
學習藝術與想像

　　「什麼知識最有價值」是學校教育中，最常被提出來的概念，透過知識價值與知識應用議題的論辯，衍生出來的課題，包括「誰來決定哪些知識有價值」、「決定知識的標準有哪些？」、「有價值的知識如何呈現在學校教育中」、「學校教育的知識如何系統化」、「教師如何確定教學達到知識的要求」等。從學生的學習層面而言，知識的活動議題應該要包括「知識如何學習」、「學來的知識如何活用」、「知識如何幫助學習」等。學生瞭解知識的重要性之後，才會在學習中全力以赴。

　　本章的主要內容，在於探討學生學習中的知識定位與應用，透過實際的教學案例，討論知識類型與知識活動，提供教師前瞻的教學想像。內容包括知識活用與活用知識、運用繪本教學教導生活經驗、和學生分享的生命教育、筆記策略與方法的教學、考前準備策略的教學、考試當中準備策略的教學、情緒教育的教學與應用、透過閱讀策略教學擴展視野等議題，透過選擇性議題的說明，引導教師重視「知識活用」與「活用知識」的課題。同時，期盼教師可以在閱讀本章之後，激發更豐富的教學火花，讓學生可以秉持著「求知若渴」的情懷，積極投入班級教學與學習中。

一、知識活用與活用知識

「知識活用是活化教學的重點」
「教導學生活用知識與知識活用同樣重要」

　　學生在學校接受教育的主要功能，在於知識的增長與知識的應用，透過教育活動的實施，學生可以達到生理、心理、社會成熟和成長。學生在學校生活中，究竟應該學會哪些知識（或能力），教育研究者花了相當多的時間和經費，持續地探討這個議題，希望能作為課程教學改革的參考。

㈠ 未來10年的課程改革研究
Borich彙整對於未來10年的課程改革，將相關的建議具體條列如下：
1. 學生要能在未來科技世界中生活和運作。

2. 學生必須具備基本的閱讀、寫作和數學運算能力。
3. 學生必須具有高層次思考、概念性以及解決問題的技能。
4. 在學生能力可以負荷的程度之下，必須修完每學年中學校要求的學分課程。
5. 學生必須接受訓練，能獨立作業，且在沒有直接監督之下完成作業。
6. 學生要能積極出席學校學習生活，並增加在學校學習生活時間。
7. 學生必須給予更多，包括問題解決與高層次思考技能的應用機會。

學校教育應該將上述對學生未來學習的要求目標，轉化成為學校課程與教學實施的策略，要求教師在班級教學中，透過對上述目標的瞭解，運用各種方法與策略，教導學生達成上述的要求。

(二)握在手中的知識

學校教學活動的實施，透過教師的講解與課程的學習理解，傳授給學生的多半是屬於「握在手中的知識」（theory on hand），這些握在手中的知識，必須和生活經驗、社會事件，進行有效的結合，才能轉化成為生活能力、生活經驗。例如：教師在教導學生分析三餐的營養內容、熱量卡數、生鮮食物的選擇等，所傳授給學生的，是屬於握在手中的知識。教給學生的知識，缺乏實際的運用、生活上的應用，就會成為記憶的知識，不會被學習者在生活中應用。

(三)使用中的知識

學校教育中，另一種知識是用來運用於生活中，可以和生活事件相結合的知識，稱之為「使用中的知識」（theory in use）。這些知識是從「握在手中的知識」粹煉而來，透過在生活問題的解決、應用過程，將記憶性的知識，轉化成為可以解決問題、可以使用的知識類型。以上述的例子，教師教導學生分析三餐食物的營養內容，並且擬定改變家裡三餐的營養熱量內容，並且改變家裡三餐的食物內容，進而改變家裡的飲食習慣。經過實際運用於生活當中，這些知識就會從「握在手中的知識」轉化成為「使用中的知識」。

㈣知識活用與活用知識的教學

對於學生未來的基本能力培養，主要的內容在於學習知識的活動。例如：要求學生要能在未來科技世界中生活和運作，就必須將各種科技世界對知識的基本要求，轉化成為學生的「使用中的知識」，如此才能讓學生將「學校所學」轉化為「社會能用」的知識。

教師在進行教學設計時，可以先瞭解該單元的教學目標內容，如何轉化成為學生的基本能力，進而分析「握在手中的知識」如何轉化成為「使用中的知識」，將知識活動的理想，改變成為教學活動中的學習，才能引導學生在學習中隨時做知識方面的轉化，進而培養隨時「轉化知識」的能力。

㈤知識活用與活用知識在教學上的想像

1.知識活用與活用知識的教學理想

學校教育的重點在於知識的養成，透過教師的教學活動，將學生所需具備的知識，傳授給所有的學生。教師教學活動的實施，不能僅重視知識的傳授，還需要考慮各種基本能力的培養。在知識的養成與應用方面，教師宜思考如何將「握在手中的知識」（或記憶性的知識）轉化成「使用中的知識」，引導學生從知識活用的理想中，進而達到「活用知識」的程度。優質的教學應該是將各種不同類型的知識，透過教師的教學，快速轉化成為「有用的知識」。

2.教學上的改變

教師在知識活用與活用知識的課題教學上，應該將學科概念的知識，作適當的轉化教導學生。上述議題在教學上的應用，教師應該考慮下列的改變：

(1)在學科教學中要常常舉實際的例子作為說明。

(2)將抽象的概念（或知識）具體化，或是和生活經驗相連結。

(3)在學科單元教學後，教師應要求學生舉實際的案例。

(4)每一概念知識的教學結束後，請學生舉生活案例。

(5)進行「生活案例教學」，以連結教科書中的知識。

二、運用繪本教學教導生活經驗

「運用繪本教學可以提供學生真實的案例經驗」

　　繪本教學的應用，起源於傳統教育中的圖畫故事、教師講故事等的概念。繪本應用在教學活動中，比一般教科書教學的效果好得多。教師在運用繪本教學教導生活經驗時，可以將想要讓學生瞭解的各種社會事件、生活經驗，透過繪本教學的方式，傳達並分享給學生。

㈠繪本教育的源起

　　繪本教育的興起，主要在於繪本教學的實施。繪本教學即為以繪本為教材所實施的教學，而教師在進行繪本教學活動時，首要考量到孩子的需求，為他們選擇適合的主題繪本，透過合宜的教學設計進行引導以發揮繪本的許多功能，如：可增進認知、語言學習、提供生活經驗、強化社會適應能力、增加閱讀樂趣。而繪本是一種以「圖畫」和「文字」完美結合的文學作品，透過圖像傳達故事訊息，並與文字巧妙搭配，以表達一個故事或是類似故事主題的圖畫書。

㈡繪本教學的意義

　　繪本是具有廣泛題材及多元教育價值的閱讀書籍，是跨學科統整最適合的媒介，教師可依據不同的教學目標、學生需求而找尋適合的繪本進行教學的運用或呈現，一般而言，繪本的使用以語文領域為主要範疇，亦有運用在數學領域、科學教育上。

　　繪本教學即為以繪本為教材所實施的教學，而教師在進行繪本教學活動時，首要考量到孩子的需求，為他們選擇適合的主題繪本，透過合宜的教學設計進行引導，如此一來，繪本除了能提供孩子學習豐富的語文內涵，其圖像刺激孩子思考，更能幫助孩子理解故事，得到書中重要的啟示，協助孩子與生活經驗做連結，並運用至實際生活中，所以在進行教師繪本教學時，應讓孩子成為閱讀的主體，並引領孩子暢遊由精美文字

與圖畫巧妙搭配的書香世界之中，期使孩子體認到繪本之美（莊雅清，2015）。

(三)繪本教學的實施方式

繪本教學的實施方式，不同的學者配合不同的學科，提出的方法有所不同。例如林敏宜（2004）認為教師在進行圖畫書朗讀時，可分成三個階段來進行：

1.朗讀前

先呈現書本的封面，鼓勵孩子感受封面上的插圖，試著預測故事內容，再與孩子討論作者及繪者，介紹主角、情境內容或主題。

2.朗讀中

鼓勵孩子反應與評論，並請孩子對故事的發展進行預測，教師偶爾的提問問題，瞭解孩子對故事的理解程度，而當孩子出現疑惑、茫然表情時，教師應換個方式重新敘述故事。

3.朗讀後

回憶故事內容，讓孩子表達其感受與想法，並與自己的生活經驗作連結，搭配故事主題內容作相關的教學設計，進行延伸活動。

方淑貞（2010）認為使用繪本引導孩子進行閱讀、賞析、討論，培養孩子在聽說讀寫方面的語文能力與閱讀興趣，其教學步驟分為四項：

1.引起動機

即為暖身活動，可透過對書名的解讀、遊戲活動、插圖索引或情境的布置來進行，引起學生的學習興趣與意願。

2.朗讀圖畫書

教師可採下列五種方式進行朗讀活動，分別為先閱讀書中文字，再欣賞插畫；先欣賞書中插畫，再閱讀文字；圖文一起搭配欣賞；以說故事方式開始，再轉換成前三種閱讀方式或以多媒體影音方式開始呈現故事內容，再轉換成前三種閱讀方式。

3.賞析活動

教師對圖畫書的內容及插畫作初步的概覽，引導學生欣賞解析，使學

生對故事內容的整體性更為瞭解。

4.討論活動

主要是能讓學生作深度的閱讀，可透過師生討論或小組討論方式進行，藉由教師的提問激發出不同的想法，也使學生學習與他人分享並尊重他人。

㈣**繪本教學的教學想像**

1.繪本教學的理想

繪本教育的發展，配合國內資訊教育融入教學、閱讀計畫的推展等，逐漸受到學校教育人員的重視。由於繪本的故事內容常是反映學生的生活，除了知識的傳遞，更是生活經驗的拓展，讓學生瞭解自我情緒、促進學生自我發展。因此，繪本教育受到學校教育的重視，繪本教學的採用同時受到教師的青睞。

2.教學上的改變

蔡淑媖（2001）認為好的繪本，在文字的陳述上必須是精煉的，圖片擁有說故事的能力，且圖片之間的脈絡必須有跡可循，以使圖文能相輔相成，也就是說，即使讀者不看文字，也能明白故事內容，因此提出優良的繪本具備下列的功能：啟發孩子的想像力、使孩子的想像得到滿足、累積孩子的知識能力、讓孩子學習反思自己以更瞭解自己、讓孩子的情緒找到宣洩的出口、能表現孩子的心情感受，引發共鳴。

(1)要求班級學生一學期至少要讀20本以上教科書之外的專書。

(2)在班級教學中建立「班級閱讀獎勵制度」。

(3)進行教學計畫時要將相關課外讀本納入教學計畫中。

(4)配合學科領域教學的實施，介紹學生各種繪本作為補充教材。

(5)利用時間整理歸納適合學生閱讀的繪本，並提供學生購買或借用的管道。

(6)篩選並選用「班級繪本」100本好書。

(7)利用課餘時間進行班級繪本教學。

(8)請學生輪流介紹（或引讀）好的繪本教材。

三、和學生分享的生命教育

「生命教育應該掌握先教生再教死的要領」
「生命教育是一種分享的教育，分享生老病死議題的教育」

　　生命教育的實施，主要是透過學校教育活動，提供並引導學生面對生命的重要性，瞭解生命存在的意義，並進而尊重他人的生命，重視自己的生命和存在價值（林進材，2015）。

㈠生命教育的源起與實施

　　回顧在西元1997年教育部開始大力推動生命教育在中學校園實施的政策，期待能從根本導正升學主義下過分重視理工實用、輕忽人文理想的教育體制。目前生命教育推動規劃由小學到大學漸次實行，而且納入九年一貫的課程綱要中，期待透過教育的歷程，引導學生認識自己，看到每個人的獨特性，並思索其生命的意義，學會關懷別人，建立積極進取的人生觀，肯定自己存在的價值，勇於實現自己的理想（張婉如，2015）。

㈡生命教育的意義

　　生命教育是全人關懷的教育，從生命的本質與關係開始進行，探討生死議題及瞭解生命的各種現象，透過生命教材及體驗活動，引導學生認識生命的本質、生存的意義，培養學生對生命的尊重與關懷，並建構正確的生命態度，進而參與社會的關懷行動，藉由教育的力量推動學生的學習，提供學生探索的機會，培育出自尊尊人的學子。

㈢生命教育的內涵

　　生命教育的內涵，依據個體不同的發展階段，而有不同的主張和任務。以幼稚園到九年一貫階段的學習階段生命教育內涵為例，生命教育的向度包括人與自己、人與社會、人與自然、人與天等，參見表13。

表13　幼稚園到九年一貫學習階段的生命教育向度及內涵架構

向度	內涵架構	向度目標
人與自己	1.瞭解自己：認識自己的獨特性；學習瞭解各人的興趣、能力與特質。	尊重和珍惜自己的生命
	2.欣賞與接納自己：欣賞自己的優點，接納自己的缺點，肯定自我價值，培養自我覺察的能力。	
	3.發展自己：發展自己的潛能與特質，運用批判思考、創造正向思維能力，面對日常問題與未來的理想、夢想。	
人與社會	1.培養同理心：面對不同的族群、性別和文化時，能學習體驗與尊重多元的價值觀，培養設身處地和感同身受的能力。	尊重和珍惜他人的生命
	2.欣賞與接納他人：欣賞他人優點，接納他人缺點。	
	3.尊重與關懷：關懷弱勢族群或需要幫助的人，創造人際之間和諧的互動。	
	4.寬恕與包容：培養寬容、轉變偏見與歧視的態度，從家庭、班級學校做起。	
人與自然	1.欣賞與愛護自然：藉由親近自然，發現自然之美，進而關懷自然生命。	尊重和珍惜他人的生命
	2.永續經營自然：藉由觀察生態變化與思考環境問題，體認珍惜自然的重要。	
人與天（宇宙）	1.追求生命的意義：透過正確的生死觀與信仰觀，追尋生命的真義。	體會生命的意義和存在的價值
	2.發現和擁有美德：發展人類美好的特質，培養對靈性的認知和覺察力。	

資料來源：吳庶深、黃麗花（2010）。

(四)生命教育的目標

有關生命教育的目標，依據教育部生命教育中程計畫（2001）所訂定生命教育的目標為：1.有一顆柔軟的心，不做傷害生命的事；2.有積極的人生觀，終身學習，讓自己活得更有價值；3.有一顆愛人的心，珍惜自己，尊重別人，並關懷弱勢團體；4.珍惜家人，重視友誼，並熱愛所屬的團體；5.尊重大自然，並養成惜福簡樸的生活態度；6.會思考生死問題，並探討人生積極關懷的課題；7.能立志做個文化人、道德人，擇善固執，追求生命的理想；8.具備成為世界公民的修養。

㈤生命教育在教學上的想像

1.生命教育在教學上的理想

教育部從2000年成立生命教育推動委員會至今已十餘年，但近年來，青少年的低挫折容忍力及對生命的漠視，使得許多學者認為生命教育不應只侷限於生死議題和情意方面的教育，更應包含生命智慧的認知層面和具體實踐的行動，讓學生從課程中探尋生命的歷程，追尋生命的價值。生命教育雖日益受到重視，但目前在教育目標上，尚無一定的標準，因此綜合學者們的論點，生命教育的目的，在於透過教育的歷程，引導學生認識自己，看到每個人的獨特性，並思索其生命的意義，學會關懷別人，建立積極進取的人生觀，肯定自己存在的價值，勇於實現自己的理想（張婉如，2015）。

儘管如此，生命教育在國內的推展，不管是採用哪一種的教學方法，或是透過學校本位課程的實施，將生命教育融入學校課程與教學中，對於學生的生命教育觀念改變，已經累積相當豐富的成果，未來的生命教育如何激發學生對於生命發展的另一種觀念的養成，有賴國內學界與實務界的共同努力。

2.教學上的改變

教師在班級教學中，可以將上述生命教育目標與內涵，納入教學設計中，運用學校本位課程，或是彈性課程時間，進行班級的生命教育活動，透過生命教育的實施，和學生分享喜、怒、哀、樂、生、老、病、死等生命課題，讓學生對生命的重視，擁有更豐富多元的觀點。

四、筆記策略與方法的教學

「學習的要領在於過眼千遍不如手寫一遍」
「筆記是集合學科內容知識重點的方法之鑰」

在學習歷程中，學生作筆記的策略與方法，是教師課堂上不會教給學生的課題之一，儘管教師在教學中一再要求學生，必須在教室教學中學會

作筆記，但教師很少教學生如何作筆記。好的筆記功夫，可以提高學生的學習效果，幫助學生減少複習功課的時間。

㈠ **作筆記的策略**

黑川康正（2001）依據課堂觀察研究，指出作筆記的策略：

1. 充分利用目錄和索引。

2. 以顏色辨別本：紅色原子筆用段落區別或說明理由的記號；青色原子筆用在重要語、關鍵語；綠色原子筆用在連接文章。紅色螢光筆畫在用語部分；綠色螢光筆畫在定義部分。

3. 重視書本每一頁的上方角落：依每一頁重要程度，用鉛筆給予「◎○★△×」等記號，可增加日後複習的速度及隨時修正。

4. 註明段落：一般而言，課本比較容易發生沒有段落、拉拉雜雜的情形，在課本本文上註記符號，作爲區分段落的強勢碼。

5. 活用書籤（線）：每本書加上三條書，依先後次序放置在文本內。

6. 利用交叉（Cross Reference）方式：依個人需要的部分註記參照頁碼。

7. 樹本方式：將知識以樹枝方式畫出書本的內容體系圖，而將知識體系化。

㈡ **作筆記的方法**

有關作筆記的方法，小林良彰（陳麗惠譯，1998）指出：

1. 以自己的方式才是最適合有助於記憶的方式。

2. 訓練自己流利地說和寫出與問題有關的東西。

3. 不會的問題也可以查閱筆記。

4. 輕輕鬆鬆早一點做，不足之處再補即可。

5. 要分出輕重。

沙永玲（1989）指出：1.筆記本不應該只用於記課堂筆記，應用它蒐集有關這門學科的各方面知識，透過閱讀課本來完善你的課堂筆記，加上你自己的見解評論，亦可附上實例和其他證據。2.筆記本應爲某種形式的

活頁本，在課程結束時，把筆記集中起來，裝訂成冊。

㈢作筆記的內容

黑川康正（2001）指出，筆記內容以：1.課堂時老師的延伸講解；2.以自己易於瞭解的形式書寫；3.將課本內容所需要的部分作分類或是取其精髓。筆記本使用活頁紙，填寫時預留很多空白。筆記本用「色別法」分類，以節省檢索時間。

太田文指出，要思考「怎樣的筆記本才能對自己的學習有幫助」；筆記本共同的「七個法則」是（引自，王麗芳譯，2010）：

1. 第一個字對齊：把單元名稱等大標寫在最左端，接下來空一到三個字，寫上小標，再空一到三個字，寫上內容的重點摘要，文章開頭對齊，是寫漂亮筆記本的第一個技巧。

2. 一定要寫才動手，否則影印即可：要考的科目太多，如果一個字一個字寫，時間是絕對不夠，不需要自己動手寫的內容只要影印貼上就好，以效率為優先考量。

3. 志在清晰，不怕大量留白：留白的好處是讓筆記賞心悅目、補充知識，把課程理解得更透徹。

4. 願望快速實現要靠索引：在第一頁製作目錄或索引貼紙，再加上標題、相關內容的教科書和參考書碼，更能提升複習檢索功能。

5. 筆記本段落分明：要設法將歸納或總結的事，在一、兩頁之內解決。

6. 記筆記之前先有規劃：例如英文筆記的方法，左頁英文原文、下面查的單字和片語，右頁寫翻譯、下面上課時的講解，如此一來，就知道哪些是自己預習時寫的內容，哪些是上課時寫的新知識，哪些是複習追加的便條紙。

7. 本本字跡清楚工整：平時就練習「寫得清楚工整」。如果是上課筆記，則是「在有限時間內儘量抄，不要在複習時才發現自己遺漏太多內容」。

王維（2003）指出，有寫筆記習慣的同學成績比較好，但在寫筆記的

同學中，成績亦有高下。筆記策略有以下重點（王維，2003）：

1. 選筆記本：使用最方便的本子，即活頁本，紙張大小應選擇像普通信紙樣的大小，一方面容易攜帶，一方面篇幅適中，方便閱讀。

2. 筆記要領：(1)不可埋頭苦寫、忽略上課的內容；(2)擇重點而記，綱要必須清楚明確；(3)在分類歸點時必須讓自己一目瞭然，排列整齊；(4)詞句簡單、文字清楚明白（不必一筆一劃寫得漂漂亮亮）；(5)不習慣另外準備筆記本的人，可以直接記在書中的空白處。

3. 做筆記的優點：(1)幫助記憶；(2)複習時可擇點而讀；(3)增加樂趣，記述精采意見。

4. 使用筆記步驟：(1)在記錄某個事件、思想學派之前，先對它進行徹底的瞭解，之後再用自己的話寫成筆記，千萬不可以抄襲。(2)特別注意標題，每個篇章都有標題，內容循著標題主旨前進，在記筆記的同時也應心中「時時有標題」。(3)文詞簡明整齊、擇點而記。

㈣ **作筆記策略與方法在教學上的應用**

綜上所述，1.筆記策略：(1)第一個字對齊；(2)一定要寫才動手，否則影印即可；(3)志在清晰，不怕大量留白；(4)願望快速實現要靠索引；(5)以課本本文上符號，作為筆記本段落；(6)記筆記之前先有規劃；(7)本本字跡清楚工整；(8)以顏色辨別本；(9)以樹枝方式畫出書本的內容體系圖，將知識體系化；(10)以自己的方式作筆記。2.筆記內容：(1)課堂時老師的延伸講解；(2)課本內容所需的部分作分類或是取其精髓；(3)寫時預留很多空白以便日後補充；(4)不熟的學科，筆記愈完整。

㈤ **作筆記策略與方法的教學想像**

1. **作筆記策略與方法的教學理想**

在教師班級教學中，有一些課題是教師容易忽略，或是沒有教給學生的課題。作筆記的策略與方法，就是其中的一環。不同學科領域需要不同

的筆記策略和方法的配合，當教師教學活動進行時，應該配合作筆記的策略與方法的教導，讓學生的學習可以雙管齊下，收到預期的效果。

2. 教學上的改變

教師應該將上述的筆記策略與方法，納入教學活動設計中，利用班級教學時間，教導學生如何在學科領域的學習中，做好學科筆記以提高學習效果。

(1)每一學科領域都要求學生作筆記，並且定期查閱。

(2)學科教學進行前，教師應該先介紹筆記策略和方法。

(3)每學期進行「典範筆記」分享活動，讓學生作為改進筆記之參考。

(4)上課時隨時提醒學生作筆記，並且勾勒重點。

(5)教師可以在班級中，進行筆記相互觀摩，並票選最佳筆記。

(6)利用時間分析筆記和學習之間的關係，並講解筆記和讀書策略的關聯性。

五、考前準備策略的教學

「考前準備策略的應用攸關考試效果的高低」

雖然學校教育一再強調，各種形式的考試（或評量），只是協助教師瞭解學生在學習方面的改變情形，並且作為是否補救教學的依據。然而，「考試」對每一個學生而言，是學校教育中每個階段必須經歷的過程。當教師要求學生在學校的考試中，要想辦法拿到高分的同時，教師應該思考將各種「考試策略」納入教師的教學當中，透過考試策略的教學，引導學生瞭解準備考試的要領。

㈠ 考前準備策略

Ron Fry指出，想要讓學生不再害怕考試造成的壓力，最好的方法就是儘量引導學生經常處於那樣的環境中，多練習會有很大的幫助；其策略

包括（蔡朝旭譯，1994）：

1. 鼓勵自己：「我知道我行，我知道我行。」
2. 適度休息。
3. 以最快速度放鬆自己。
4. 隨時戒備。
5. 預先計畫。
6. 確實知道考場時間與地點。
7. 把參考讀物視爲指定閱讀。
8. 必要的東西赴考場，筆、計算機、計算工具等。
9. 瞭解考試基本規定等。

超速太朗（王岑文譯，2011）指出，配合考試的高效能學習方法的策略：

1. 考古題要反覆練習十次。
2. 複習時要先從考古題和題庫做起。
3. 做考古題和題庫，是爲了要瞭解考試的出題方式。
4. 勿將練習考古題和題庫當作最後目標。
5. 掌握考古題和題庫的出題範圍，便是研讀課本的第一步。
6. 深耕課本。

㈡考試前的注意事項

小林良彰（陳麗惠譯，1998）指出，考前的注意事項：

1. 不要生病。
2. 考前幾天，不要再做較難的題目而傷腦筋，還不會的問題，立刻看解答，記住即可。
3. 儘量不動筆，用腦複習。
4. 考前一天看考場。
5. 考試當天早點到。
6. 考前利用時間將自己整理的筆記迅速看過。
7. 保持心情平靜。

兵介任（譯，1987）指出，要考試考得好，必須針對以下幾個方向來準備：

1. 試題的類型包括有是非題、選擇題、申論題等。

2. 如何準備：(1)徹底而仔細地將課業準備周全；(2)班上討論時，須注聽講，並積極參與；(3)不斷地找出課程的重點所在；(4)筆記必須保持條理分明，清晰可讀；(5)將書中重要的公式、定理瞭解後，逐句記憶；(6)擬妥自己的日常作息表，並切實執行；(7)必須認清，所有的考試目的都是在幫助你瞭解自己的各種學習效果。

3. 如何應考：(1)依照自己平時的飲食習慣；(2)考前睡眠要充足；(3)要準時前往考場；(4)將應考用具準備齊全；(5)拿到考卷立即動筆；(6)詳讀說明；(7)不要虛耗時間；(8)控制時間。

4. 如何從考後的試卷中學習：(1)將自己寫錯的項目，改正後記在筆記本上；(2)心態度上虛心檢討；(3)必要時再加以重新學習。

超速太朗（王岑文譯，2011）指出，考試最重要的是鞏固已有的知識，而不是拓展未知的知識，而考試真正的目的，在於「我們究竟是為了什麼而努力」，一旦心中有明確的答案，才能清楚掌握自己「應循的方向」，決定未來的重要依據。

(三)考試前準備考試的策略

胡詳開、晴雁（1995）指出，準備考試的策略：

1. 考前出門的注意事項：(1)清淡的早餐：吃八分飽，不要喝太多水或飲料；(2)應考用品不要忘。

2. 消除緊張：(1)不要自己嚇自己；(2)不要和別人比；(3)相信自己；(4)深呼吸鎮定精神；(5)看看別人。

3. 其他事項：(1)掌握先機：此時不要看課本，而是以總複習的講義或筆記為主，內容精簡扼要，提綱挈領；(2)心到，手也到的複習；(3)別鑽牛角尖：考場上的複習，是要把熟的看得更熟，不熟的增加印象，遇到太難、太複雜的問題，暫撇一旁，姑且放棄，不要浪費時間；(4)考過了，別回頭：當務之急是充分準備，把

握短暫休息時間，爲下一科做衝刺，多拿些分數，才不枉多年準
備。

黑川康正（2001）指出，所謂「考試」，本身並不是目的，而是爲了
達成更高的目的之手段而已，在考試及格後的學習才是應該更加充實：

1. 考試前：(1)把過去所學做總整理，將整理出來的資料，從頭到尾
   大致地看一次；(2)複習原本所使用的參考書；(3)不要有無謂的煩
   惱，看看自己做記號、補述、畫底線的參考書，比較容易回憶起
   當時學習的情形；(4)複習時要掌握整體。

2. 活用模擬考試：(1)模擬考試是爲了要熟悉考場的氣氛、規則及時
   間的限制；(2)客觀地衡量自己的實力，與別的考生碰碰面，刺激
   自己的鬥志；(3)勿因模擬考試效果良好，就太過自滿；(4)在模擬
   考時所發現自己的弱點，必須立即想辦法改進。

3. 掌握考場的環境：(1)改變作息適合考試時間；(2)掌握考場環境、
   教室溫度；(3)提早到考場；(4)有關於考試的一切，限定帶進考場
   的物品等，皆要做好準備。

4. 避免臨場緊張：(1)主因多在事前準備不充分；(2)即使實力不足，
   也要做到「已經盡了人事」的努力；(3)事先預備萬一在考場緊張
   的應對方式。

5. 對於考試的成果要有強烈的冀求意願，堅持到最後一刻。

6. 難一點的問題暫放在腦海裡，優先處理能解答的考題。

7. 在考場時不要再想已考過的科目，全心放在下個科目。

8. 做選擇題時，必須保持集中力，正確瞭解題目的意思，題內的各
   個答案必須全部看過。

9. 論述題時，必須注意時間的配合。

㈣**在教學上的應用**

綜上所述，考前策略與方法爲：1.考前心理準備：(1)鼓勵自己、心情
平靜；(2)適度休息、放鬆自己；(3)預先計畫、隨時戒備；(4)不要生病、
睡眠充足。2.考前複習策略：(1)考前一周左右完成大部分複習工作；(2)考

前幾天，不再做較難的題目；(3)不會的問題，立刻看解答，記住即可；(4)儘量不動筆，用腦複習。3.模擬考試策略：(1)複習時要掌握整體；(2)複習原本所使用的參考書；(3)反覆練習做考古題和題庫；(4)模擬考場情境；4.考前考場準備：(1)確實知道考場時間與地點；(2)將應考用具準備齊全；(3)瞭解考試基本規定；(4)考前一天看考場；(5)考試當天早點到；(6)考前利用時間將自己整理的筆記迅速看過。

㈤ 考試前準備策略的教學想像

各個考試階段的準備策略，是學生在學習中關心的重點，如何透過準備考試策略的應用（或練習），可以幫助學生在考試中，贏得比較高的成績表現。當各學科領域教師要求學生積極準備考試，或是要求學生在考試中有好的表現時，也要同時思考如何教導學生準備考試的策略與方法，引導學生在各個不同階段的考試中，練習各種準備考試策略的方法，瞭解準備考試的策略成效和「運用的時機」。

六、考試當中準備策略的教學

「妥善完整的準備考試策略才能提高考試的效果」

學生在進入考場面對考試時，如何降低緊張焦慮的心情，提升考試的成績或成效，是教師在教學中應該利用時間教給學生的課題。有關考試當中準備策略的教學，簡要說明如下：

㈠ 考試的注意事項

當學生在面對各種形式的考試時，需要運用考試的注意事項如下（陳麗惠譯，1998）：

1. 核對號碼或確認姓名。
2. 從頭到尾很快地先將題目看過一遍。
3. 分類題目。
4. 先解決不必思考也答得出來的題目。

5. 再做需要用腦才會答的題目。

6. 解決怎麼也回答不出來的題目。

7. 最後10分鐘再重新檢查，力求完美。

8. 多檢查幾次，特別是會做的題目。

9. 勿在意別人的舉動。

㈡ 面對考試的技巧

在面對考試的技巧，沙永玲（主編，1989）指出，十項考試技巧可以幫助學生，輕鬆緩和的面對考試：

1. 在考前一天保持一個清醒頭腦，比多溫習一點點功課好得多，並準備好需在考場上使用的文具。

2. 進入考場後要仔細通讀整張考卷。

3. 粗略的時間安排，決定每道題應使用多長時間。

4. 先挑選認為有把握的題目，做上記號，先完成不會錯的容易題，而非你認為可以使你發揮出來的難題。

5. 回答前，要非常認真將它通讀一遍，務求正確地理解這個題目。

6. 以短文回答的考試，應先列提綱，把要點寫在提綱裡。

7. 你的回答要扣住問題的主線，不要牽涉那些不相干的內容。

8. 絕不要少答了所要求的題量，寧可把前面的題目答上一半，然後再往下進行，也不要讓某些題目空著不答。

9. 字跡清楚而且書寫流暢的考卷得分高。

10.交卷前留出一點時間把你的考卷重看一遍。

此外，面對不同的試題類型時，Cermak指出，應試題型上，選擇題和是非題通常為辨別測驗（recongnition tests），重要的是細心閱讀，慎重解答每一個問題；面對試題最好是先將試卷從頭至尾閱讀一遍，有把握之答案，立刻解答，有問題則打一記號；第二遍再加研究；最後有餘裕時間，最好再重新閱讀一遍，修正其中認為需要修正之處（梁庚辰、鄭慧玲譯，1984）。面對問題時，則為：1.下筆前應將回答資料先在腦中加以考慮與編排；2.解答時能針對要點，離題太遠，均應盡力避免；3.考試留出

餘裕時間，加以修正（梁庚辰、鄭慧玲譯，1984）。

(三) 考試的要點

當學生面對考試時，胡詳開、晴雁（1995）指出可以掌握考試的要點如下：

1. 看題要訣

(1)檢查試卷；(2)大處著眼、小處著手；(3)單複選、選對錯，看清楚；(4)看完全題；(5)先做有把握的題目；(6)刪去最不可能的答案；(7)相似題一點也不相似；(8)注意試題的條件和附註。

2. 答題技巧

(1)挑好速寫工具；(2)計算過程寫在規定處；(3)會做的先寫；(4)掌握時間；(5)小心圈套；(6)從題目中找答案；(7)善用圖案。

3. 檢查要領

(1)找記號：在開始做題時，凡是遇到不會的題目，或不確定答案者，就在題前作記號，回答再做解答；(2)重做一遍；(3)相信直接反應；

4.該放棄的就放棄。

(四) 在教學上的應用

綜上所述，考試時的策略與方法：

1.面對試卷

(1)核對號碼或確認姓名；(2)粗略的時間安排，決定每道題應使用多長時間；(3)快速將考卷閱讀一遍，並做記號；(4)注意試題的條件和附註；(5)分類題目。

2.答題

(1)先完成不會錯的容易題；(2)再做需要用腦才會答的題目；(3)解決怎麼也回答不出來的題目；(4)真的不會時，作記號，回頭再做；(5)該放棄的就放棄；(6)當答案不太確定時，要寫頭一個想到的答案；(7)從題目中找答案。

3.解題技巧

(1)選擇題，正確瞭解題目的意思，題內的各個答案必須全部看過；

(2)論述題時，必須注意時間的配合，應先列提綱，把要點寫在提綱裡。字跡清楚而且書寫流暢。

　　4.完成考試

(1)最後10分鐘先重新檢查；(2)解決不會的題目作記號。

　　㈤考試當中準備策略的教學上想像

　　1.考試當中準備策略的教學理想

　　學校的考試是學生最感到焦慮的一項，當學生面對各式各樣的考試時，如果在方法和策略的應用上，可以得到教師的指導，或獲得同儕的相互指導，可以運用面對考試的策略與方法，幫助學生進行自主性的學習，則學生面對考試就不容易產生緊張的情緒。

　　2.教學上的改變

　　教師在指導學生面對考試時，可以考慮將上述的策略與方法，用來指導學生作為面對考試的參考。教師可以在學校考試中，設計各種策略和機會，引導學生在考試中，練習上述技巧和策略的運用，透過「面對考試策略與方法」的教學，有助於降低學生的緊張焦慮，進而提升學生的考試成績。

七、情緒教育的教學與應用

「情緒管理是決定人生勝利的關鍵」

　　情緒是一種與生俱來的能力，同時受到後天環境的影響。相關的研究指出，個體如果情緒控制不佳的話，則會影響外在行為的表現。教育學者透過研究與理論探討，都深信情緒是可以透過教育改變的，情緒管理能力可以透過教育策略與方法的運用，培養高階良善的情緒管理能力（林進材，2015）。

　　㈠情緒教育的意義

　　情緒教育是一種有目的介入的融入式課程，主要有五大向度目標：覺

察、辨識、表達、同理以及調適，其意涵爲使學生能在不同的刺激中，覺
察自身的情緒反應；辨識他人的情緒反應，理解個體間的差異性；認同情
緒無對錯，並且學習適切的情緒表達方式；在覺察自己、辨識他人以及學
習表達後，能夠設身處地的同理他人，進而接納彼此；最後調適自身以符
應內外在的刺激，期能達成個體內的平衡，以較適切圓融的態度去面對生
活（陳怡螢，2015）。

(二)情緒教育的教學目標

有關情緒教育的教學目標，依據九年一貫課程的能力指標，有詳細的
說明，請參見表14：（陳怡螢，2015）

表14　健康與體育學習領域主題軸六—健康心理之內涵三分段能力指標及其補充
　　　說明

內涵三：壓力調適、情緒管理、有效溝通與問題解決等技巧，有助於行為的適應			
第四項基本能力—表達、溝通與分享		分段能力指標	補充說明
	第一階段	6-1-4 認識情緒的表達及正確的處理方式	1. 認識每一個人都有喜、怒、哀、樂、懼等不同的感受。 2. 能用健康的方法表達需求與感覺。 3. 藉由身體活動，體驗適當處理情緒的方法。 4. 分辨令人愉快和不愉快的情緒對個人及他人的影響。
	第二階段	6-2-4 學習有效的溝通技巧與理性的情緒表達，並認識壓力	1. 分析想法對情緒的影響，學習理性的抒解情緒方式。 2. 能清楚與自信的表達需求與感覺，同時亦能敏銳的回應他人的需求與感覺。 3. 知道壓力的正、負向影響，並能建設性的處理壓力情境。 4. 說明同儕壓力對行為與健康選擇的影響。 5. 展現非暴力策略，如：溝通、協商、感情表達等方式解決衝突。 6. 瞭解情緒、壓力與健康之間的關係，並運用問題解決的方法，來做有利身心健康的選擇。 7. 在體育活動中，以有效的溝通技巧與適宜情緒表達，解決人際互動之問題。

表14　（續）

| 第四項基本能力──表達、溝通與分享 | 第三階段 | 6-3-3
應用溝通技巧與理性情緒管理方式以增進人際關係 | 1. 找出使情緒不佳的真正原因，如：錯誤的想法、缺乏自信、遭受困境或挫敗等。
2. 能理性控制與抒解情緒，明瞭壓抑或過度發洩情緒對自己或他人的傷害。
3. 練習做決定的歷程、拒絕的技巧，並且應用到不同的情緒衝突問題，如：避免校園暴力的發生。
4. 願意適度開放自我與別人分享。
5. 理解與練習有效溝通的技巧，並實際應用在與家人、朋友、異性、師長的相處。
6. 應用協商、解決爭執的技巧以協調家庭、運動團隊、工作場所等團體之成員間不同的目的、能力與需求。
7. 明瞭透過網際網路與他人溝通的優、缺點與應注意事項。 |
| | | 6-3-4
尋求資源並發展策略以調適人生各階段生活變動所造成的衝擊、壓力與疾病 | 1. 明瞭情緒和壓力變化對身體免疫功能、生殖功能和疾病的影響。
2. 能運用技巧以調適自己的緊張、壓力與衝突。
3. 能預測人生各階段的權利、義務與角色功能，發展自己的期許與規劃。
4. 體會死亡的涵義與生命的可貴，學習面對親人的死亡，並避免自傷與自殺。
5. 協助遭受傷害、悲痛、災難、不幸的親人或朋友尋求有用的資源與服務。
6. 明瞭「異常行為」與「身心症狀」，並能採取具體的調適措施，避免無意義的消耗醫療資源。
7. 能透過放鬆肌肉的練習與規律運動以發洩情緒、調適壓力。
8. 在團體活動中，如遇不合理現象時，可按照程序提出申訴，以得到圓滿的解決。 |

(三) 情緒教育的實施方法

情緒教育的實施方法，主要依據教學者不同的需求、特性和情境，選擇不同的教育方法。陳怡螢（2015）綜合相關的文獻，指出情緒教育的實施方法，包括下列幾項：

1. 繪本教學

透過繪本的賞析，在潛移默化中，讓孩子投射於主角並產生認同，瞭解彼此的情緒差異性，讓孩子更認識情緒。

2. 欣賞討論

透過討論的方式，可讓孩子回憶自身的情緒經驗、相互分享情緒的感受與看法，以及討論各種情緒表達與調節方式，使孩子由主動思考和與同

儕激盪想法中，學習情緒知能。

3. 活動教學

透過遊戲、戲劇演出、藝術創作等方式來體現情緒較適切的因應方式。透過此類活動，孩子能對他人的情緒進行觀察、解釋與體驗，進一步瞭解他人的感覺、情緒、態度和想法等重要訊息。

4. 情緒札記

透過每次上課後的回饋與反省，更清楚理解當週的主題意涵，並利用文字，將所思所想記錄下來，以供未來回顧、覺知自己的改變。

㈣ 情緒教育在教學上的想像

1. 情緒教育的教學理想

情緒教育的實施，並不是在學生的情緒狀況出現問題時，才透過學校輔導教學系統，實施情緒教育活動。而是在平時的教學活動進行時，必須透過各學科融入的方式，將情緒教育的內涵，融入課程與教學中，提供學生正確的情緒教育，教導學生面對自己的情緒狀況，提供學生良好的情緒管理策略。一般學生的反社會行為，大部分來自於情緒控制與管理不當，教師可以在平日的教學中，透過情緒教育教學的實施，指導學生做好情緒管理與控制的工作。

2. 教學上的改變

情緒教育的實施，在小學階段規劃在綜合活動課程中，國中階段規劃在重大議題中（或綜合活動中）。相關的研究指出，個體的行為和情緒之間的關係密切。教師在實施情緒教育時，可以考慮下列的教學原則：

(1)請學生分享自己的情緒狀況，包括喜、怒、哀、樂等變化。

(2)在班級中進行「最好脾氣典範」選拔，並分享好脾氣的主因。

(3)利用報章雜誌的「案例」，作為講解情緒管理的重要性。

(4)透過案例教學，分析情緒管理的內涵、重要性、原則。

(5)實施「好脾氣」管理教學活動。

(6)實施「壞脾氣」調整教學活動，並引導學生進行情境練習。

(7)實施「當我生氣時，我會……」教學活動，並進行成效檢討。

(8)實施「當我被冤枉時，我會……」教學活動，並進行成效檢討。

八、透過閱讀策略教學拓展視野

「透過閱讀有助於學生擴展學習視野」
「閱讀理解的關鍵在於識字量與理解能力」

　　閱讀是拓展學習視野的主要方法，透過閱讀策略的教學，教師可以引導學生邁向國際世界的舞臺，透過閱讀方法的運用，可以引導學生瞭解不同世界的生活經驗。在閱讀策略教學方面，教師可以考慮下列技巧的應用，將閱讀策略融入班級教學中：

㈠閱讀教學的四階段

　　Gagné（引自石兆蓮，1998）將閱讀區分四階段，每個不同的階段，對閱讀活動而言，具有不同的意義：

1. 解碼（decoding）
把印刷或手寫的字辨認或破解出來，使之產生意義。

2. 文義理解（literal comprehension）
在解碼歷程中，已確認的單字有一部分輸入而激發了文字上的理解過程，由單字獲得文字上的意義。

3. 推論理解（inferential comprehension）
是提供讀者有關閱讀概念更深層和更廣泛的理解，其歷程包括統整（integration）、摘要（summarization）與精緻化（elaboration）。

4. 理解監控（comprehension monitoring）
使讀者能有效的面對其目標，其歷程包括設定目標（goal setting）、選擇策略（strategy selection）、檢核目標（goal checking）、補救（remediation）等。

㈡閱讀三階段的不同教學策略

Heilman、Blair與Ruplay（引自石兆蓮，1998：86-87）提出閱讀三個

階段的不同策略：

1.閱讀前

複習與主題有關的背景知識、聯結新舊章節的經驗、將新材料與個人經驗聯結、討論主要的單字與概念、閱讀文章提要以發展整體概念、瀏覽文中插圖、預測文章內容、建立閱讀目標。

2.閱讀中

運用標題引導學習、每一段結束後問自己一個問題、重讀文中不熟的部分、找到作者想要表達的型態。

3.閱讀後

運用文後的問題檢視理解的程度、評估所得的訊息及預測未來、重點摘要、重讀某些觀點部分。

Naparstek（2010）指出，閱讀是學生在學校學習最重要的技能，閱讀能力與所有的學科與完成功課都有相關。在社會學習或是科學上面，閱讀能力不好的學生將無法理解教科書裡的知識，而數學也是如此。數學是所有有關數的基礎科學，但是，閱讀能力不好的學生將無法完成數學的功課，這一點是數學不好的學生很重要的問題。閱讀能力不好的學生，將來在寫作和口語表達上也會有困難。而閱讀困難也將會影響學生的自尊。

㈢適用閱讀任何文章的教學策略

Dole、Duffy、Roehler與Pearson（引自石兆蓮，1998：84-85）提出適用於閱讀任何文章的策略：

1.找出重點（determining importance）

即決定文章的要旨、主題、巨觀結構、關鍵字等。

2.摘要訊息（summarizing information）

讀者從文章中區辨出重要與不重要的訊息，然後綜合重要的訊息，創造出一個新的、連貫的、濃縮的文章來代表原來的內容。

3.引出推論（drawing inferences）

此為理解的過程的核心，閱讀時廣泛使用推論方式，詳細填補文中省略或遺漏的部分，以推敲所閱讀內容。

4. 產生問題（generating question）

閱讀時由讀者自己產生問題，導致主動理解。

5. 監控理解（monitoring comprehension）

讀者在閱讀時控制、調整其策略，當覺知欠缺理解時，採取修補策略，有助於閱讀理解。

㈣改進閱讀教學的技巧

有關改進閱讀教學的技巧策略，兵介任（譯，1987）指出改進閱讀技巧包括：

1. 具有良好的視力，或配戴正確矯正後的眼鏡。
2. 進行有目的的閱讀。
3. 儘管閱讀速度很快，仍以不同的速度來讀不同的書。
4. 避免邊唸邊讀，或朗聲閱讀。
5. 不以聽來完全取代課文的閱讀。
6. 能夠抗拒外在的誘惑，肯花時間從事有目的的閱讀。
7. 能專心閱讀，摒除所有雜務和外在環境的干擾。
8. 努力增進自己的字彙能力。

㈤閱讀教學策略的教學想像

1. 閱讀教學策略的教學理想

想要增進學生的閱讀興趣和成效，教師就必須在閱讀教學策略上，花心思設計提升學生閱讀興趣與動機的教學上，透過閱讀教學策略的應用，可以激發學生的閱讀動機，提升學生對閱讀的需求和能力。上述的閱讀教學策略、閱讀的教學方法、改進閱讀教學的技巧等，需要教師在實施閱讀教學時，試著將各種策略融入教學中，提供學生良好的閱讀教學策略學習。

2. 教學上的改變

語言開啓人際溝通，閱讀打開學習視野。透過閱讀策略教學的實施，可以讓學生從閱讀中開展自己的學習經驗，擴充學生的學習視野，透過閱讀策略的教學，可以提升學生的閱讀動機，也能開啓學生對於國際世界的

好奇。

(1)提示學生閱讀的優點，並舉實際的例子作爲說明。

(2)選定班級好書100本，鼓勵學生進行閱讀。

(3)建立「優良閱讀典範」制度，鼓勵學生爲自己的學習加油。

(4)建立「閱讀存摺」制度，讓學生瞭解自己讀了多少本課外書籍。

(5)鼓勵學生養成「逛書店」的習慣，並且訓練「選好書」的能力。

(6)利用時間指導學生如何進行「課外書閱讀」能力的培養。

(7)考慮在班級適當的地方，設置「班級閱讀牆」，讓學生的閱讀可以看得見。

(8)教室布置加入「奇文共欣賞」單元，定期更換好文章讓學生學習。

(9)建議學校設置「校園文學公告欄」，讓每一位教師都可以選擇好的文章，在校園公告。

(10) 教師應該建立良好的閱讀制度，作爲鼓勵學生閱讀之規範。

第八章

縮短學習貧富差距的
學習藝術與想像

　　由於經濟的快速成長，社會文化的瞬息萬變，M型社會的發展，導致
學生家長在經濟文化方面的差異過大，形成「學習方面的貧富差距」現
象。有關影響教育要素方面的研究，指出影響學生學習成效的重要關鍵為
「貧窮因素」與學生家長的「社會地位」等。本章提出教育是縮短學習貧
富差距現象的良策，教師的教學活動是降低學習貧富差距的最好方法的構
想，希望透過本章的閱讀，提供教師在教學上的參考。

　　本章的主要意義，在於說明學習方面的貧富差距現象，針對縮短貧富
差距學習現象，提供教學方面的良策讓教師瞭解，透過教學改變與教學想
像的過程，降低學習方面的差距。在內容方面，包括多元化學生的有效學
習、營造免於學習障礙的教室、重視學生的學習常規問題、加強學習動機
的教學、運用測驗的類型與編製、診斷性評量的運用、學生的考試學生自
己決定、親師合作共創教育願景等單元，透過議題的分析與分享，提出縮
短學習貧富差距的良方，希望教師可以瞭解「學習方面的貧富差距」需要
透過高效能的教學，才能改變傳統教育所形成的缺失。

一、多元化學生的有效學習

「學生的多元如同人手之五指，各有不同長短、功能、特性與質量」
「教師應該針對學生的多元，擬定適性教學方案並落實於教學中」

　　在學校教育中，學生來自不同社經地位（SES）的家庭、不同的家庭
生活、不同的生活經驗、差異性的文化資源，導致學生在學習成效方面的
差異。教師在班級教學中，應該瞭解學生的家庭社會背景，想辦法在班級
生活中，降低學生在社經地位方面的學習影響。

㈠有效教學應該隨著學生的多元而改變

　　教師的有效教學行為，應該隨著學生來源的多元，而有所改變或調
整。來自於不同社經地位家庭的學生，會有形無形地反應在學生的學習
上。因此，教師的有效教學應該隨著學生的不同社經地位、文化刺激、種

族等，做專業上的改變與調整。如果教師的教學行為，忽略了學生的各種背景，在教學活動實施中，容易因為學習者背景而導致失敗的現象。

㈡協助高社經地位學生獲得學習成功

教師在面對高社經地位學生時，可以針對學生的學習特性，提供學生獲得學習成功的策略（參見表15，郝永威，2011）。從表15可以看出，教師在協助高社經地位的學生，應該在課堂互動與口頭活動方面，修正自己的教學行為，提供學生在學習方面的成功機會。在幫助高社經地位學生的學習，教師可以考慮運用糾正思考及做決定、課堂互動、口頭活動等途徑，引導高社經地位學生，修正學習方法與策略，朝向成功的理想學習。

表15　幫助高社經地位學生在學習方面獲得成功的策略

糾正思考及做決定	1.要求學生做進一步的推理，檢查學生回答是否正確。 2.提出需要學生做聯想、歸納及推論的問題。 3.鼓勵學生使用同樣層次的提問方式。 4.以挑戰性的教材補充現行課程，部分教材可以稍微高出學生的現行程度。 5.分配家庭作業及／或延伸性的作業，而這些作業活動，要求學生必須利用課堂外所獲得資料來獨立判斷、發現及解決問題。
課堂互動	1.鼓勵學生之間及師生之間的互動，在互動當中，讓學生負責評鑑自己的學習成效。
口頭活動	1.積極讓學生參與超出課文及習作內容的口頭問答。

㈢協助低社經地位學生獲得學習成功

低社經地位學生在學習方面，比一般學生缺乏自信心，對於學生的參與缺乏興趣。因此，教師應該在班級教學中，透過各種有效的策略，幫助低社經地位學生在學習方面獲得成功（參見表16，郝永威，2011）。由表16可看出，教師想要幫助低社經地位學生在學習方面獲得成功，應該在教師情感、學生回答、內容組織、課堂教學、教學個別化等方面，有效運用各種策略，協助學生提升學習成效。

表16　幫助低社經地位學生在學習方面獲得成功的策略

教師情感	1.讓學生知道他們可以得到教師的協助，提供溫暖又鼓勵人的教室氣氛。
學生回答	1.對學生最初的回答，應予以鼓勵，才開始問下一位學生。
內容組織	1.將教學內容分成小單位方式，教授給學生，同時，學生在學習每個小單位之後，應該有練習機會。 2.在每個新的學習單位開始之前，讓學生知道每個單元之間的關係及如何應用這些內容。
課堂教學	1.講解抽象的概念之前，先強調知識及應用。首先呈現最具體的學習內容。 2.定期觀察學生進步的情況。使用進步表，記錄學生同儕及學長（跨齡）指導。 3.在學習活動之前，保持活動結構及程序的流暢，以減少混亂。事先組織計畫在活動之間如何轉換。
個別化	1.用專門的教材補充標準課程，以滿足個別學生需要。利用教學媒體、學習資源，以及學生個人經歷，以提升學生學習興趣及注意力。

㈣ 多元化學生有效教學的想像

1. 多元化學生的有效教學理想

當教師面對來自不同社經地位家庭的學生，應該深入瞭解社經地位和家庭生活，對學生學習成效的影響，並透過各種有效策略的運用，引導學生進行有效的學習，以提升學習成效。優質的教師教學活動，應該使教學活動免於受到學生社經地位與家庭背景的影響，使每一位學生都可以脫離前置因素的「負面影響」，每個學生擁有均等的學習機會，每個學生都有一樣的「學習成功機會」。

2. 教學上的改變

教師面對多元學生，應該以多元的教學方法，實施多元化的教學。不同的學生給予不同的教學方式，教導學生符合個別性的學習。教師在教學上的改變，建議如下：

(1)教學以提供學生學習成功的要件為主。

(2)教師應該經常的改變教學方法，運用不同的教學策略。

(3)在班級教學中，教師應該要引導每一位學生達到「學習成功」的理想。

(4)教師的教學要讓每一位學生都「學習成功」。

(5)不管學生的社經地位高低，教師都應該要一視同仁。

(6)成功的教師教學不應該存在社會地位、社會階級、種族差異現象。

(7)教師應該深入瞭解社經地位對學生的學習影響，並且想辦法改進或修正此種不當的影響。

(8)對於不同來源的學生，教師都應該要給予相同的機會和處遇。

(9)瞭解不同學生的學習成效，並針對學習成效低落學生給予補救。

二、營造免於學習障礙的教室

「教室應該是溫馨、關懷、充滿希望的地方」
「教師應該設法營造無障礙的班級學習氣氛」

在教室生活中，學生來自不同的家庭、不同的社經背景、不同的生活經驗，因此也出現不同的學習特徵。學習障礙的概念和學習困難、學習困擾等概念不一樣，學習障礙的種類在特殊教育領域，有不同的專業定位。當班級學生出現學習障礙時，教師應該針對學生的學習特性，考慮不同的教學方案與教學處遇。

㈠學習障礙出現的機率

由表17得知，學生的學習障礙類型中，以學習障礙所占的比例最高。其次，是口語或語言損傷、腦遲滯等。教師在面對學生可能有學習障礙的現象，應該在班級教學中，針對學生的各種學習特徵，擬定適當的教學策略。

表17　學習障礙出現的機率

障礙種類	所占的比率（%）
學習障礙	51
情緒障礙	9

表17 （續）

障礙種類	所占的比率（%）
口語或語言損傷	21
腦遲滯	12
聽力損傷	1.3
視覺障礙	13
聾盲	0.5
骨骼髓傷	0.1
腦外傷	0.1
自閉症	0.5
多重障礙	1.8
其他健康損傷	2.2

㈡學習障礙的相關定義

有關學習障礙的定義，各國有不同的定義和界定。教育部（民91）對學習障礙的界定如下：因神經心理功能異常而顯現出注意、記憶、理解、推理、表達、知覺或知覺動作協調能力有顯著問題，以致在聽、說、讀、寫、算等學習上有顯著困難者，其障礙並非因感官、智能、情緒等障礙因素或文化刺激不足、教學不當等環境因素所直接造成之結果。依據圖11可看出學生的學習障礙，區分成「發展性學習障礙」與「學業性學習障礙」二種。教師在處理學生的學習障礙時，應該要先瞭解學生是屬於哪一類型的學習障礙，再針對學生的學習障礙情形（或程度），決定要採用哪些教學策略。

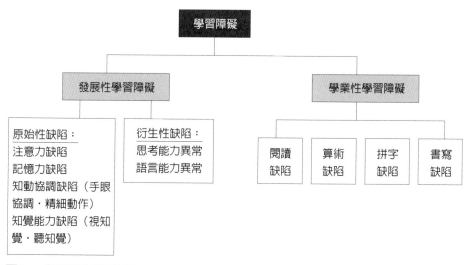

圖11　學習障礙的定義

㈢ 教師如何面對學習障礙

依據相關的學理指出，學習障礙的教學與教學效能之間，是有其相通之處。在針對有學習障礙學生的教學，教師可以考慮下列策略：

1. 教學步調要放慢。
2. 教學重點放在「問題解決能力」的提升。
3. 教學重視「思考力」的提升與促進。
4. 促進主動學習的教學活動設計。
5. 採用各種形式的「分組合作學習」。
6. 運用「互惠式」的教學方式。

上述的教學策略，提供教師在面對學習障礙學生教學時，可以考慮上述原則的教學設計與教學實施，透過教學策略的應用，有助於提升學習障礙學生的學習效果。

㈣ 無學習障礙的教學想像

1. 無學習障礙的教學理想

學校的生活應該提供學生各種學習上的需求，學校的環境應該是充滿學習善意的地方，學生可以在班級學習中，得到應有的學習待遇，而且每

一位學生所得到的待遇應該是公平的，一致性的。教師在面對各式各樣的學生，應該深入瞭解學生的學習需要，針對學生的學習特性，提供學生適性的學習環境，滿足學生各種學習上的需要。

2.教學上的改變

教師的班級中如果有學習障礙的學生，在教室經營與教學設計中，應該為學生營造一個無學習障礙的教室，降低學生因為學習障礙而影響教學成效與學習效能的情形。在營造無學習障礙的教室中，有幾項原則可以提供讓教師參考：

(1)教室情境布置需考量學生的生理需求，例如有些學生需要比較大的空間。

(2)教學轉換時間應該延伸擴增，例如轉換單元時應該要注意個別學生的學習情形是否跟的上；或是有學習遲緩的現象。

(3)在任務達成（學習活動）時，讓較快完成的學生，可有意義地利用空檔時間，例如加強概念的練習或學習。

(4)建立適當的危機處理模式並加以運用。

(5)運用各種教學輔助工具，以加強學生的學習效果，例如記憶機。

(6)教師需順應不同學生的個別需求，並與家長保持良善溝通。

(7)讓一般的學生和特殊的學生能夠一起學習、操作與遊玩。

三、重視學生的學習常規問題

「常規是維持班級教學正常化之鑰」
「缺乏常規管理策略的教室容易導致紊亂的現象」

在班級生活中，學生的學習常規，決定學習成效的好壞良窳。教師在班級經營方面，如果無法有效的經營班級成規，則容易因為學生的常規表現，影響教學活動的實施，進而影響教學效能的達成。

㈠學生常規與學習效能的關係

學生的班級常規表現，與學習效能的達成，具有相當高程度的關聯性。例如：教師如果在班級生活中，需要花相當多的時間在學習常規的維持上面，容易使教學行為屈居於「班級經營」之下，班級管理凌駕教學之上，則無法達成高效能的教學與高效能的學習。

在班級教學中，教師如果常常因為學生的常規行為，中斷教師原來的教學活動，而必須停下來糾正學生的行為，對於原先進行的教學活動，形成干擾或影響，教師就無法在預期的時間內，講完預定的概念，或是將教學時間濃縮，影響教學進度與教學品質。

㈡優質教學免於常規的干擾

儘管學生常規是教學的最大阻礙，容易中斷進行中的教學活動，教師應該在教學前，透過經驗的反省與專業的判斷，將每一個教學步調中學生可能出現不利於教學的行為，透過「備選方案」的設計規劃，將學生干擾教學的行為摒除於外。例如：教師將教學活動的進行，充滿樂趣與緊湊的步調，讓每一位學生積極投入教學中，或是讓每一位學生都樂於參與教學，則優質的教學自然可以免於學生常規的干擾。優質教學免於常規干擾，應具備下列幾項特質：

1. 教學活動內容充滿樂趣。
2. 教學的步驟緊湊且充滿挑戰。
3. 教學活動每一個步驟都需要學生反應。
4. 教學活動需要學生隨時雙向回饋。
5. 教學進行中學生所有的感覺器官都需要配合。
6. 教學活動讓學生無法脫離活動中。
7. 教學活動結束之後，必須計算個別成績和小組成績。
8. 實施教學活動總結性評量。

㈢維持良好學習常規的建議

良好的教學活動，可以將不必要的干擾行為，透過活動化之於無形。有關維持良好的班級學習常規，班級經營的研究者，依據班級教學的觀

察，提出相當多的專業建議，有關防止影響班級學習常規的有效策略，請參見表18（林進材，2015）：

1.隔離或停止干擾行為

當學生出現違反學習常規行為時，教師應該透過隔離策略，設法停止學生的干擾行為，例如加大學生的座位間隔、直接指出學生不當的行為、請隔壁學生給予制止等。

2.透過眼神修正行為

如果學生的行為影響教師教學活動的進行，或影響班級學生的學習活動，教師可以選擇用眼神盯著學生，透過眼神修正學生不當行為，直到學生的行為修正為止。

3.賦予學習責任

當學生出現不當的行為時，通常是因為在教學活動中感到無聊，或遇到學習挫折，教師可以賦予學生學習責任，例如協助其他同學學習、擔任教學助教、協助實驗活動、幫忙記錄班級學習活動等，當學生賦予學習責任時，就會有終止不當學習行為現象。

4.加快教學節奏

當教師的教學活動節奏突然改變時，會引起學生的學習注意力。例如：教師在教學進行時，可以請學生回應「剛剛的教學活動內容」或「老師剛才講什麼」、「郭同學剛剛的回答是什麼」等回饋行為。

5.轉換教學行為

轉換教學行為，主要是在教學活動進行時，當學生出現學習常規問題時，教師可以趁機轉變教學活動，透過富於變化的教學活動，喚回學生的注意力。

表18　防止影響班級學習常規的有效策略

Jones的觀點	Evertson和Emmer的觀點	LEAST的觀點
隔離學生座位	要求學生停止干擾行為。 教師注視直到行為終止。	不予干預（擱置）。
眼神接觸	眼神接觸，直到學生回應正當行為。	終結違規行為。
給予重任	重述要求、再次提醒。	更徹底地關照。
維持教學的節奏及動量	要求學生說明正確行為定義 若學生答不出，給予反饋。	逐字說明規範。
	施予處罰。	追蹤後續行為。
	轉變活動。透過富於變化的活動，喚回學生的注意力。	

㈣學習常規在教學上的想像

1.學習常規在教學上的理想

一般的教室教學中，學生出現學習常規問題，是常有的現象，只是違反常規行為的類別和出現頻率不同。班級經營經驗豐富的教師，可以在學生出現學習常規行為時，快速運用有效的策略，解讀學生的行為並在瞬息間控制住紊亂的教室。學習常規雖然是教師教學中的干擾因素，但透過學習常規的觀察與管理，可以測驗出教師教學方面的專業能力，好的教學活動必然可以降低學生的學習常規問題，將有違學習的行為化解於無形。

2.教學上的改變

教師在班級教學中，需要花時間在學生常規的管理上。一般的教師因為學生常規管理，影響教學活動的正常進行。有關班級學生常規管理，教師應該考慮教學上的改變：

(1)教學活動順暢就不會有常規管理上的問題。

(2)讓每位學生在教學中忙碌且有事作，學生就無暇違反教學常規。

(3)提高每位學生的學習參與並給予發表的機會，學生就不會忙著製造事端。

(4)如果教師的教學步驟緊湊，就會降低班級常規事件出現的機率。

(5)教師應針對班級常規事件，設計各種阻止違反常規的教學活動。

(6)教師宜關注「星星之火，足以燎原」的班級常規影響力，並針對常規問題擬定因應策略。

(7)教師教學應關照每一位學生的需求，讓每一位學生的學習在無障礙環境下進行。

(8)很多教室中的常規問題，是教師本身所造成的。因此要檢討常規問題，要先從教師教學本身反省。

四、加強學習動機的教學

「動機是維持正常學習的要素，想要學生參與學習就要從動機著手」
「缺乏動機是學習成效不彰的主要原因，
想提高學習成效就要設法激發動機」

　　教師想要提升學生的學習參與，就必須瞭解學生行為背後的動機，透過動機的瞭解，能有效掌握學生在教學過程中的內在因素，透過內在動機的理解，才能在教學活動中，隨時提供學生學習上的誘因，激發學習上的動機。

㈠有效的學習動機因素

　　依據學校學習的觀察研究，學生在學校有效的學習動機，有四種因素（Kiewra, 2009）：

1.慾望

　　動機起於慾望。慾望是：(1)內在愉快的學習活動：如果想要追求某些東西，最好的方式是透過愉快道路，就算能達成目標，這些努力也是有價值的，成功是一個愉快的旅程，而不是終點。當內在慾望被點燃，就不會停止。(2)外在的回饋：運用於當內在學習活動無法激勵自己學習時，外在回饋是最好的方式。例如：取得高分時給予鼓勵。外在回饋可以引動內在學習的慾望，特別是在學習愉快時。(3)目標：目標的設定也很重

要。無論學習的慾望是來自內在或外在，目標的設定也會引動具體的行為，完成目標。長期目標是無彈性，但是，短期目標則可以幫忙並潛在地更進一步去完成。而短期目標最好的方式是與長期目標設定的一致。

2. 意圖

是規劃要達到的目標，生活的夢想。規劃有三個情況：(1)成功的規劃：悲觀者很少成功，而樂觀可以達成目標以及實現夢想，眼見為憑，當學習者能看見其他人的成功，他們會相信自己也能成功。(2)規劃奠定基礎：規劃學業成功的有效基礎，包含學習的空間、科技的學習方案及時間等。(3)規劃時間：成功的學習是依靠大量的時間，起於今日，每天執行。目標完成的時間，學習者會更早在平時開始準備。能明白實現目標的計畫也是從每天零碎的時間，像是等公車、等老師進教室上課或是花時間在看電視等，把握住這些零碎時間，可以更快實現目標。

3. 專注

將時間放在於目標行為上，把目標行為放在其他事件上。專注於一個目標行為，同時排除其他阻礙。專注目標行為必須起於今日，而非於明日再開始。當機會在今日降臨時，明日再多的準備都只是將夢想推入死亡。心理學家發現Ericsson指出，每日的練習是成功的主要關鍵，即使是一位高成就的音樂家，仍需要每天大量的練習，才會有更好的表現。專注最大的障礙是分心，好的目標追尋者必須經常說「不」，而將時間花在競爭機會上。心理學家發現，高成就者會忽略一般無關於目標的事物，只關心與目標有關的事物。學習者必須於每天確認二件事情，一是以目標為首要，二是將時間花在目標上。總而言之，儘管外在阻礙重重，學習者仍必須將專注力放在目標上。

4. 維持

達成目標只成功一半，改變很難，維持改變更難。行為的動機必須要一直維持，維持動機能產生很好的效果，記住滴水穿石、龜兔賽跑的故事。透過學校的學習，每天有小收獲，將可能完成大的目標。有回饋的行為和適度地調整生活型態，將有助於維持動機。

㈡ **Vygotsky的觀點**

Vygotsky（1978）指出，願意學習是由實際發展與潛在發展兩項水平所構成：實際發展水平是確定學生自己所擁有的能力而能自我學習；潛在發展水平，另一種說法是，確定個體可以由他人協助而學到什麼；在此之間則稱為近端發展區（zone of proximal development）。張景媛（1998）指出，Vygotsky認為思考是一種活動，這個活動依循個人的內在語言和外在語文來進行，並透過人際間的經驗而發展。而近端發展區是要瞭解學生的認知發展或學習情形，必須先仔細觀察學生對教學的反應。如圖12：

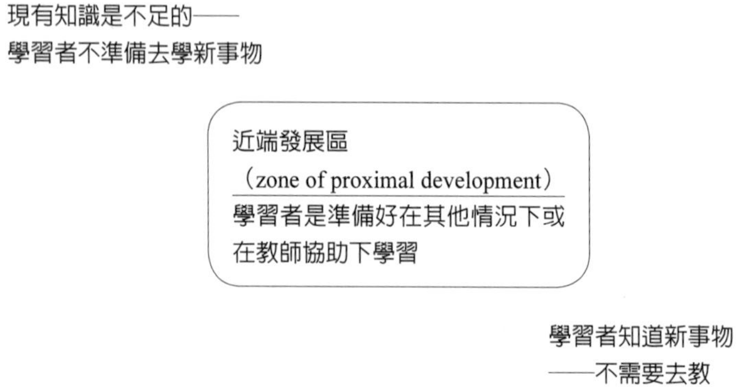

現有知識是不足的——
學習者不準備去學新事物

近端發展區
（zone of proximal development）
學習者是準備好在其他情況下或
在教師協助下學習

學習者知道新事物
——不需要去教

圖12　學生學習意願與近端發展區之關係

Note: Arends, I. R. & Kilcher, A. (2010). Teaching for Student Learning. NY: Routledge. p.48.

㈢ **動機因素在教學上的意義**

透過上述學習動機的內涵和因素，教師可以在教學中，有效地運用學生的學習動機。例如：慾望、意圖、專注、維持等四個不同因素，在學習動機上的應用，各有不同的特性和應用情境，教師必須有效的應用在教學活動中。此外，Vygotsky提出的「學生學習意願與近端發展區之關係」，可協助教師瞭解學習意願和學習動機和「準備狀態」之間的關聯性，有助於教師運用提高學習動機的策略。

㈣**動機因素在教學上的想像**

1.動機因素在教學上的理想

　　教學所涉及的因素相當多，受到各種內外因素的影響。教師想要提高教學效能，就必須從影響教學的各種因素瞭解起，透過影響教學因素的掌握與因應，才能進行效能教學的設計，掌握各種影響教學的因子。唯有掌握複雜的教學情境，才能在教學活動中得到成功，使教學活動進行順暢。

2.教學上的改變

(1)教師想要改變教學，要先改變影響教學的各種因素。

(2)教師激發學習動機，也要瞭解動機背後的信念。

(3)教師教學前要常常想「學生準備好了嗎」。

(4)好的動機要配合適當的時機，如同美國馴獸師不在動物「吃飽」　　和「想睡覺」時訓練動物一樣。

(5)教師要常常進行動機訓練，並落實在教學中。

(6)教學前要點燃「學習熱情」，教學中要維持「學習參與」，教學　　後要提升「成功經驗」。

五、運用測驗的類型與編製

「測驗的功能在於確定教師教學目標的達成、
瞭解學生的學習進步情形、作為是否補救教學的依據」
「測驗是學習成效最好的告密者，
教師善用各種測驗就能瞭解學生的學習」

　　教師在學校教學中，常常運用各種形式的測驗，瞭解教學目標的達成與學生學習方面的改變情形。然而，在各種測驗的應用上，教師常常有誤用測驗的情形出現。教學活動的實施，需要客觀的測驗工具，以作為評量教學效果之用。正確的運用測驗的類型與編製，是教學成功的重要關鍵之一。

(一) 測驗的類型

測驗的類型，依據測驗的功能而有不同的分類，一般學校教育中最常使用的測驗類型，為常模參照測驗與標準參照測驗。有關常模參照測驗與標準參照測驗的區別，請參見表19：

表19　常模參照測驗與標準參照測驗

	常模參照	標準參照
主要目的	學習成就的互相比較	特定精熟性的考驗
評量內容	涵蓋廣泛的成就領域	針對界定的學習項目
量尺定點	中間，事後決定	兩端，事前決定
參照點	實際、相對的	理想、絕對的
評量功能	鑑別作用	檢定作用
數據性質	分數的變異性愈大愈好，重視試題的難度與鑑別度	注重各題反應與效標之間的關聯性
結果表示	百分等級、標準分數	及格或不及格
記分制	常態等第制	傳統百分制
主要用途	安置、分班編組	診斷、補救教學
實際測驗	教師甄試、學力測驗、國中會考	教師檢定、駕照考試

(二) 編製測驗的一般原則

一個好的測驗應事先告知評量內容與範圍，並依據教學目標選擇評量方法，在試題取樣上要公平且具代表性，且兼顧學習歷程與結果，才能達到施測的目的，並有助於學生的學習進步。其一般原則說明如下：

1. 評估所有教學目標

有時候會聽到學生抱怨測驗並沒有「包含我們所上過的課」，不論什麼原因，這些學生認為自己受到不公平的判斷。因此，教師應配合自己的教學目標編制自己的測驗，以明確測量他們已教過學生的學習材料和學生已學過的學習目標。總之，測驗應與老師的教學目標一致。

2. 涵蓋所有認知領域

大多數的教學單元含有多種學習目標，範圍從回憶真實的資料到理

解、分析、應用、創造等，一個好的測驗不會完全集中在一種類型的目標如回憶，而是從自身的教學目標中採取具有代表性的樣本，配合不同的學習材料做不同的測驗題型規劃。

㈢使用適當的測驗類型

測驗有許多測量方式，如文字測驗或非文字測驗，但教師較常使用的為文字測驗，因為文字測驗可測量較多的認知技能。文字測驗依評分方式可分為客觀和主觀測驗，客觀測驗中的配合或填空題，較適合回憶測驗；而主觀測驗中的申論題，則較適合挖掘高層次思維的過程和技能，更多關於這方面的介紹留於後面來說明。

一個測驗最重要的是能否測量到他所要測量的東西或範圍，也就是它的「效度」，有效度的測驗才有意義；而受測者在一段時間內實施超過一次以上的測驗，而產生可靠、一致的分數時，就可被視為一個可信賴的測驗，也是我們所稱的「信度」，效度高表示信度也高，但信度高不表示效度高。

在信效度之外，一個測驗是否公平也很重要，一個公平的測驗提供所有學生同樣的成功機會，不會因他們的種族、文化、階級或性別而受到差別待遇。雖然沒有唯一的測驗可以準確地瞭解一個學生知道或會了什麼，但一個有效、公平且可靠的測驗將減少我們對學生測驗結果的錯誤解釋。

㈣利用測驗提高學習效果

最後的原則是為了提醒教師，雖然測驗主要用於診斷或評估學生的成績，但它也是學生的學習經驗。教師可針對測驗結果，對學生所錯過重要的訊息來進行「再教學」，像是檢討考卷時，反覆的討論「正確」的答案可以進一步刺激學生思考相關的問題。一個有效能的教師，會在教學計畫中適當的安排測驗時間與次數，以整合他們的整體教學計畫目的，引導學生學習。

㈤測驗在教學上的想像

1.測驗工具在教學上的理想

教師教學活動的進行，需要配合教學評量工具的測驗，才能瞭解教學

目標達成的情形。教學經驗豐富的教師，不必過於依賴測驗工具，從教學互動終究能瞭解，學生在學習方面的改變情形。如果，教師真的需要透過測驗工具，作為瞭解教學實施情形與學生學習改變情形，選擇正確的測驗工具，透過測驗成效的解讀，作為改進教學的參考和補救教學的依據，成為教學成效的重要關鍵。

2. 教學上的改變

(1)教師對於各類型的測驗要熟悉，且運用於教學情境中。

(2)教師應運用測驗瞭解學生的學習改變情形，透過測驗擬定補救教學方案。

(3)不要拘泥於單一形式的測驗，它容易讓教師在教學中迷失和盲目。

(4)隨時運用各種測驗，瞭解學習的動態並修正教學行為。

(5)下課前運用「口頭評量」方式，瞭解學生在這一節課學到哪些概念。

(6)教師可以運用「說出思想（thinking aloud）」方式的評量，確定教學目標的達成情形。

(7)教師運用各種評量時，要謹慎評量結果的解釋和運用。

(8)教學評量不是單元教學的結束，而是另一個單元的開始。

(9)當學生在評量上的反應（或得分）不佳時，教師應該瞭解真正的原因何在。

六、診斷性評量的運用

「善於運用各種測驗，教師就能瞭解教學的全貌」
「診斷性評量的目的在於說明，不在於改進」

中小學的班級教學中，最常使用的教學評量，包括安置性評量、診斷性評量、形成性評量、總結性評量等，透過評量的運用，讓教師瞭解教學實施的成效、學生學習的品質，以利教師修正教學計畫，或作為調整教學

方法的參考。

㈠診斷性評量的意義

診斷性評量的主要意義，在於透過教學評量的應用，提供教師想要瞭解的學習情形。例如：教師想要瞭解學生在學科學習方面的困難情形，以作為補救教學的依據，使用的評量主要在於決定學生的學習成熟情形、準備狀態、起點行為、學習有關的特質，作為分組的決定。

㈡診斷性評量的應用

在診斷性評量方面，教師會在教學剛開始或是學生的學習有困難時，進行診斷性的評量，以提供教學活動的參考。在診斷性評量的應用方面，包括認知、情意、技能方面的行為，有時候也會將學生的身心狀態，或是家庭學習環境等因素，納入診斷性評量的參考項目。有關診斷性評量的應用，在評量工具方面，包括標準化的測驗（例如學習成就測驗）、診斷測驗、教師自編的測驗、學習成效檢核表等等。

㈢診斷性評量的策略

教師在教學活動進行時，可以隨時運用診斷性評量，瞭解教學活動實施的成效，或是學生學習方面的成效。有關診斷性評量策略的應用，下列方法可以提供讓教師參考：

1.在每一節課（或單元）結束前3分鐘進行測驗

教師可以在教學結束前，以紙筆測驗的方式，進行診斷性評量。例如：給每一位學生一張空白紙，將教學目標轉化成幾道測驗題目，透過簡單測驗可以瞭解教學目標的達成情形。

2.將學習成果講出來

教師可以在教學結束前，請學生輪流到講臺或固定的地方，將該節課的教學內容，以說出思想（thinking aloud）的方式講出來，教師透過學生講出來的內容，進行學習效果的核對，作為修正教學活動的參考。

3.將學習情形寫下來

診斷性評量的運用，教師可以考慮請學生將學習內容寫下來，例如在

黑板上面，將該節課的重點寫下來，或是透過筆記本記錄的方法，將單元教學的重點寫下來。

4.將學習情形分享家人

將學習情形分享家人的策略，和將學習成果講出來的方法一樣，在回家之後，利用家人相處時間，將學校學習的重點（或學習成果），和自己的家人分享，透過分享的方法，有助於學生加深學習，同時可以達到診斷的效果。

㈣診斷性評量與教學實施

在教師教學活動進行階段，各種不同形式的評量，都有助於教師修正教學活動，或是透過評量的實施，瞭解學生的學習情形。在不同類型、形式的教學評量活動，對教學活動的實施，具有不同的功能。教師應該要熟悉各種教學評量的主要目標，理解不同教學評量和教學活動的關係，有效地運用各種教學評量，作爲改進教學活動的依據，透過各種評量的應用，修正教學計畫和教學活動。

以診斷性評量的運用爲例，教師應該在適當的時機，採用各種類型的診斷性評量，瞭解學生在學習方面的問題，並進而修正教學方法，或是修正教學策略的應用。如果學生的學習困難，是屬於臨時性的，教師只要適度地提醒學生即可；如果學生的學習困難是屬於程序性知識的問題，則教師就要考慮單元教學重複一遍，以補充學生在學科知識學習的不足。

㈤診斷性評量的教學想像

1.診斷性評量在教學上的理想

教學評量如同船長手中的船舵，一樣偉大。教師在不同階段的教學活動，都應該熟練地運用各種不同的評量，瞭解教學活動的成效和學習活動的品質，透過評量的實施，可以掌握教學目標的達成情形，同時瞭解學生在學習方面的變化。巧妙地運用各種診斷性評量，不僅可以幫助教師瞭解自己，也能瞭解學生。當診斷性評量的實施，在教師教學活動中高效率地被運用時，就不至於產生學習困難的情形。

2. 教學上的改變

教師在運用各種評量時，除了要正確使用外，也應該掌握評量本身的特性功能，將評量的功能發揮到最大，並據而作為改進教學的參考。診斷性評量使用時機，通常是在教學進行時或教學結束後。

(1) 下課前3分鐘，請學生說明這節課學到哪些重要的概念。

(2) 想要瞭解學生的學習，除了測驗之外，也可以用「學生表現」的方式進行。

(3) 診斷的用意在於說明，而不在於證明。

(4) 最好的教師教學，不是用評量工具來證明，而是透過觀察就能掌握學生的學習。

(5) 教師應該熟悉各種診斷性評量工具，並應用在教學當中。

(6) 實施診斷性評量之後，應該將學生的學習情形簡要記錄下來，以方便教師隨時查閱。

七、學生的考試學生自己決定

「教室中的主人應該是學生，而不是教師或家長」

「教學的自主性應該要包括所有持分者（stakeholder）」

Goodlad在其著作《一個稱為學校的地方》（*A place called school*）中理直氣壯的指出，學校生活充滿著各學科的考試、測驗，導致教師在教學活動中本末倒置，忽略了教學目標的重要性，而不斷地重視學科考試、透過各式各樣的測驗卷，來瞭解自己教學的成效，測試學生的學習成果。如果學校教育沒了考試，教師就不知如何進行教學活動，學生也無法在學習活動中自我瞭解。

㈠ 中小學的教室素描

觀察近10年來國內中小學的教室教學，仍舊和10年前或20年前的教學活動，並沒有多大的改變。考試仍然領導教學、紙筆測驗仍為測驗的主

流、教學仍舊以教師為中心的教學型態、學生仍然在上課中彼此相互競爭、上課中學生仍然排排坐、個別學習的型態仍舊盛行等，這些教學上的傳統模式，幾年來並沒有多大的改變。

1. 考試和測驗＝學生學習的迷失

傳統的教師教學觀念，運用各種學科考試和測驗的手段，作為瞭解學生學習成效的策略。大部分的教師將考試和測驗結果，視為學生學習成效的現象，在中小學教室教學中，仍然是教師教學中所依賴的聖旨。

2. 考試愈來愈多、學習愈來愈少

在教室的教學中，不難發現考試所占的時間比率，和學習活動的實施，簡直不成比率。臺灣的中小學教室教學中，根據《親子天下》的調查，超過三分之一的國中生，每週考試超過十次，甚至有一成的國中生，每週考試超過二十次。考試幾乎占了教室教學的大部分時間，學生可以運用的學習時間愈來愈少。

3. 排名愈來愈多、信心愈來愈低

儘管教育主管單位一再「三申五令」，禁止在任何考試或評量中，將學生的班級排名公告出來。然而，仍有相當多的學校教師，透過各種方法形式，將學生的班級排名呈現出來，此種怪異的現象，不管是來自教師自我概念，或是來自班級家長的壓力，對於學生的學習已經產生偏差的現象。透過排名激勵或提醒學生的學習成效，對學生而言已經變成被羞辱的代名詞，或是用來提醒學生，在學習方面「失敗者」的自我應驗效果。

4. 老師放棄學生、學生學會放棄

在學校教室教學中，由於教師在評量方面的不當觀念，或是運用考試測驗結果，提醒學生在學習方面的表現情形，最後都終將導致教師放棄學生的不當現象，當然學生被教師放棄，同時也從教師身上學會放棄，導致「今日教師放棄學生，明日學生放棄教師」的不當現象。

5. 在學校和補習班時間愈來愈多、家人相處時間愈來愈少

由於升學主義、考試掛帥的風氣盛行，導致學生放學離開學校之後，並未直接回到家，而是直接到補習班（或安親班）繼續加強課業的輔導。相關的研究指出，中小學學生在學校和補習班時間愈來愈多、家人相處時

間愈來愈少。親師相處的和樂情形，對國內很多的中小學學生，已經成爲一種奢望。

(二)如果學校的測驗卷學生來出

身爲教師如果無法改變上述的整體現象，至少可以在班級教學中，進行微幅的改變，或是透過觀念的改變，給予學生另類的學習經驗。在充滿各式各樣測驗（或考試）的班級教學中，教師可以考慮改變傳統的思維，讓學生爲自己的學習負責任，以「學校的測驗卷學生來出」的另類構想，將各種測驗卷（或考試）讓學生自己來出，引導學生針對自己的學習情形、學習期望、學習成果，自己規劃設計測驗考試，以改變作法的方式讓學生瞭解考試的眞正意義。

(三)教學上的想像

1. 學生決定考試在教學上的理想

評量的功能有三：(1)爲確定教師教學目標的達成情形；(2)瞭解學生學習的改變情形；(3)作爲是否補救教學的依據。想要達成上述的功能，考試和測驗只是眾多方法之一，教師還有許多的方法可以考慮，例如透過專題表演方式、運用多元評量方法、以檔案評量呈現方法、以主題探究與欣賞的方式等，可以瞭解學生在某一期間的學習改變情形。優質的教學活動，應該讓學生可以快樂的學習，免除考試和測驗的恐懼，讓學生可以積極參與教學，擁有沒有失敗的學習機會。

2. 教學上的改變

教師對自己的教學活動，擁有相當大的自主權。在教學自主的情境之下，教師可以考慮是否將決定權，交給學生練習做學習方面的自主。學生的考試卷，學生來出的作法，就是其中最好的例子。

(1)讓學生瞭解考試的主要目的和功能。

(2)利用時間和學生分享教師「出考卷」的具體方式、想法、技巧、要領。

(3)學科領域教學的考試卷，教師可以讓學生練習出考卷。

(4)如果不屬於概念記憶部分的考試卷，教師可以讓學生自行決定考

試。例如：綜合活動的考試，可以讓學生決定用哪一種形式的考試。

(5)在時機成熟時，記憶層次的學科考試卷，可以讓學生自行命題，教師再檢核即可。

(6)教師如果調整教學方案，應該同時修正考試策略。

八、親師合作共創教育願景

「教師應該打開教室的門，讓家長走進教師的教學」
「家長是教育的合夥人，親師領航才能共創教育遠景」

親師溝通是教師班級經營管理中重要的一環，透過親師溝通合作的進行，可以和家長分享教育理念，溝通有關教育的最新動態，提供家長基本的教育概念，透過親師合作解決教育上的問題。

㈠親師溝通的問題及因應

1.作業方面

曾經有位家長認為自己的小孩字體已經大有進步，為何還要擦掉重寫（聯絡簿）？

因應：與之溝通，強調孩子真的進步許多，但是老師對孩子的能力，尚有期許，認為他的能力不僅如此。

2.上課方式

科任教師（英語，因為他有在安親班任教，所以言行舉止需更注意）。

家長會投書給導師，認為科任教師謾罵，造成孩子身心受創。

因應：在接班級時，便要透過先前拜訪和班親會，建立和家長間的聯繫溝通管道，讓家長瞭解老師的作法和行為模式，並給家長一個第一時間求證的專線，避免誤會擴大。

3. 因為教學方法、評量方式或藝文演出而有不同的看法。

4.教師本身必須具有的態度

(1)要有主動積極的態度，來發現學生的問題所在。

(2)讚美學生，給予建議。

(3)真誠的態度。

(4)善用情緒管理的技巧，把身段放下。

5.教師的具體作法

(1)設計問卷，請家長回答，廣泛蒐集意見。

(2)可以多做電話訪問、家庭訪問的動作。

(3)簡單的紀錄對學生行為、個人作為反應。

(4)在聯絡簿上多多讚美學生的優點，避免月暈效應。

(二)親師間的認知衝突及因應

一般而言，親師間可能因為對問題性質的認知不同，加上經驗上的差異而容易產生意見的衝突，有關親師間的衝突問題和因應，簡要分析如下：

1.親師衝突問題問題

(1)學生常規管教。

(2)價值觀。

(3)作業。

(4)評量標準答案問題。

(5)班級經營等。

(6)班級常規。

(7)作業量。

(8)個人價值觀、生活經驗。

(9)管教方式。

(10) 獎學金申請或清寒減免。

(11) 評量方式。

(12) 座位編排。

2. 其因應之道，包括：

(1)建立多項親師交流道，如辦理親師座談。

(2)專題演講，如辦理親職教育、建立正確教育觀。

(3)組織讀書會，建立溝通分享平臺。

(4)親師輔導與學生輔導等。

(5)瞭解事情的真相，緩和家長情緒傾聽其心聲。

(6)告知家長適當的管教方法及反應的管道。

(7)增進教師親師溝通技巧，請教師平時與家長多溝通。

(8)增進教師班級經營技巧與要領、教師輔導與管教知能。

(9)建立和諧的師生關係。

㈢ 親師衝突的因應之道

依據相關的親師衝突研究，面對親師衝突之際，比較理想的方式，簡要說明如下：

1. 以電話訪問先取得基本資料並訪問原班級導師。

2. 學期初應成立班親會，將自己的班級理念透過班親會說明交流。

3. 可透過聯絡簿和家長聯絡學生近況。

4. 特別學生則以個別電話訪問或邀請到學校交流。針對特殊孩子要個別輔導，提出協助。良好的親師溝通會化阻力為助力。

5. 獎懲方法制定，由老師及小朋友共同討論制定。

6. 若是家長質問，請家長到有第三方人員在的地方進行協商。

7. 不在公共場合中或是學生面前與家長進行討論。

8. 應該讓家長體認到，教師的每件行為都是為學生著想。

9. 教師定教學進度，要讓讓家長知曉。

10.如果有需要檢討的部分，利用面訪時候與家長討論。

11.與家長共同討論學生在家和在校的學習態度及策略。

12.如果真的無法處理，請家長到校協助處理陪讀，讓家長瞭解其學生的問題癥結所在。

㈣親師合作在教學上的想像

1. 親師合作在教學上的理想

親師溝通問題，是屬於班級經營的範疇。教師如果在教學前沒有做好親師溝通工作，在教學中容易因為家長不瞭解學校作息或教師的教學理念，而產生不必要的誤解，形成教師教學的阻礙。專業的教師應該要透過親師合作，將家長的資源和理念，納入教室的教學中，才能化阻力為助力，透過親師合作、共創教育願景。

2. 教學上的改變

親師合作的理念，可以用在教師教學上，透過親師合作的方式，提升教師教學品質。例如：講解六大營養要素時，可以請具有「營養師」執照的家長，進行專業上的現身說法，不僅具有典範作用，也能提供學生更多營養要素的知識。

(1)每一學期固定時間和家長進行學校生活上的溝通，並且形成書面記錄。

(2)開學前就要和家長溝通學校教學上的各種規範，例如：班級常規的內涵。

(3)每一學年都要將學校的行事曆、教師的班級教學規範，透過各種形式讓家長瞭解。

(4)親師溝通的內容，要包括所有學校生活的點點滴滴，讓家長的想法可以和學校同步。

(5)不要在出現問題之後，才和家長聯絡溝通。

(6)教師的親師溝通要掌握「急事緩辦、謹慎快速」的原則。

(7)當出現親師衝突同時，要快速掌握問題的癥結。

(8)如果親師衝突時，需要學校專業人員的幫助，不要「吝於」或「羞於」提出來。

(9)每經過一次的親師衝突事件，就要有一次專業上的成長。

(10)親師溝通的要領在於「民主」、「主動」、「誠懇」、「專業」、「效率」。

參考文獻

一、中文部分

王岑文（譯，2011）。**關於考試，你用的方法都是錯的 / 超速太朗著**。臺北：高寶。

王維（2003）。**天才，是K出來的**。臺北：紅印文化。

王麗芳（譯，2010）。**考上第一志願的筆記本：東大合格生筆記大公開**。太田文著。臺北：聯經。

白雲霞（2008）。**一個稱爲學校的地方**。臺北：聯經。

石兆蓮（1998）。閱讀理解。載於林清山（主編，1998）。**有效學習的方法**。臺北：教育部訓育委員會。

朱敬先（1997）。**教學心理學**。臺北：五南。

艾天喜（編著，1998）。**最有效的讀書術**。臺北：益群。

李咏吟、單文經（1997）。**教學原理**。臺北：遠流。

李麗眞（譯，2009）。**創意達人的筆記活用術**。樋口健夫原著。臺北：商周。

何英奇（1998）。讀書技巧。載於林清山（主編，1998）。**有效學習的方法**。臺北：教育部訓育委員會。

吳幸宜（譯）（1994）。**學習理論與教學應用**（原著Gredler, M. E.）。臺北：心理。

吳庶深、黃麗花（2001）。**生命教育概論——實用的教學方案**。臺北：學富文化。

吳美齡（2007）。**國中學習障礙學生英語學習動機與學習策略之相關性研究**。國立臺南大學課程與教學研究所碩士論文（未出版）。

吳佩錦（2010）。**國中學生英語學習動機、英語學習策略、與英語學習成就之相關研究**。國立臺南大學教育學系課程與教學研究所碩士論文（未出

版）。

吳清山（2014）。差異化教學與學生學習。國家教育研究院電子報，38期。

吳靖國（2006）。生命教育：視域交融的自覺與實踐。臺北：五南。

佐藤學（2012）。學習的革命——從教室出發的改革。臺北：天下文化。

沙永玲（主編1989）。如何學習最有效。臺北：五南。

兵介任（譯，1987）。如何有效學習。臺北：桂冠。原著How to Study: To Learn better, Pass Examinations, Get better Grade. Lester & Alice Crow.

林芸英（編著，1994）。如何提高記憶潛能。臺北：漢宇。

林進材（1997）。國民小學教師教學思考之研究。國立臺灣師範大學教育研究所博士論文（未出版）。

林進材（2002）。有效教學—理論與策略。臺北：五南。

林進材（2006）。教學論。臺北：五南。

林進材（2011）。教學原理。臺北：五南。

林進材（2012）。臺灣地區近10年來的教學研究發展與趨勢——以2001年到2010年學位論文為例。

林進材、林香河（2014）。國小學生學習策略與方法之研究。屏東縣政府國教輔導團專案研究計畫。

林進材、林香河（2014）。國中學習方法的第一本書。臺北：五南

林進材（2015）。教育的50個重要概念。臺北：五南。

林進材（2015）。教學理論與方法。臺北：五南。

林進材、林香河（2015）。圖解班級經營。臺北：五南。

林彩岫主編（2012）。多元文化教育：新移民的原生文化與在地適應。臺北：五南。

林敏宜（2004）。圖畫書的欣賞與應用。臺北：心理。

林鶯（譯）（1991）。J. Donald Walters著。生命教育——與孩子一同迎向人生挑戰。臺北：張老師。

林郁如、段曉林（2006）。4MAT教學模組實施於國小自然與生活科技課程對學生之動機影響。中華民國第22屆科學教育學術研討會。

周雯菁、周欣怡、周佳敏（2003）。我們就這樣進臺大。臺北：世茂出版

社。

胡詳開、晴雁（1995）。**考場必勝記憶術51招**。臺北：金菠蘿。

郝永威、鄭佳君、林宜眞、范莎惠、陳秀玲譯（2011）。有效教學法。臺北：五南。

姚美蘭（2015）。**繪本教學對國小三年級學生多元文化素養之影響**。國立臺南大學教育學系課程與教學碩士班碩士論文（未出版）。

徐高鳳（1991）。**情感教育課程對國小兒童自我概念影響之實驗研究**（未出版之碩士論文）。國立臺灣師範大學，臺北市。

孫瑞良（1999）。PQRST：**國中生創意讀書法**。臺北：稻田。

夏永維（2000）。**最省時間的讀書方法：讓你讀得輕鬆有效率**。臺北：月牙。

黃政傑（1995）。多元文化教育的課程設計途徑。中國教育學主編：**多元文化教育**。臺北：臺灣書店。

黃政傑、林佩璇（1996）。合作學習。臺北：五南。

黃政傑、吳俊憲（2006）。**合作學習：發展與實踐**。臺北：五南。

黃政傑、林佩璇（2013）。合作學習。臺北：五南。

黃政傑、張嘉育（2010）。讓學生成功學習：適性課程與教學之理念與策略。**課程與教學，13卷**，3期。

黃淑娟（2014）。**運用情緒主題繪本進行兒童情緒教學之研究——以國小二年級爲例**（未出版之碩士論文）。國立東華大學，花蓮縣。

黃珮貞（2008）。**運用兒童繪本進行情緒教育之研究**（未出版之碩士論文）。國立新竹教育大學，新竹市。

黃德祥（2012）。**青少年發展與輔導**。臺北：五南。

黃揚輝（譯，1993）。**記憶術20則**／南博著。高雄：復文。

麥清維（2003）**國小教師對九年一貫課程環境教育議題的認知與態度——以桃園縣爲例**。國立新竹師範學院進修暨推廣部教師在職進修數理研究所碩士論文，未出版。

陳怡螢（2015）。**繪本教學融入情緒教育方案對國小三年級學生情緒調整影響之研究**。國立臺南大學教育學系課程與教學研究所碩士論文（未出

版）。

陳奎熹（1997）。**教育社會學研究**。臺北：師大書苑。

陳李綢（1998）。有效學習策略的研究與應用。載於林清山（主編，1998）。
有效學習的方法。臺北：教育部訓育委員會。陳美玉（1998）。**教師專業實踐理論與應用**。臺北：師大書苑。

陳麗惠（譯，1998）。有效的讀書方法。小林良彰著。臺北：幼獅。

陳瓊花（2008）。美感教育的理念與實踐。**教師天地，153期**。

楊冠政（1998）。**環境教育**。臺北：明文書局。

梁庚辰、鄭慧玲（譯，1984）。**如何增進記憶（Improving Your Memory）**/
Cermak L. S.。臺北：桂冠。

張春興編著（1984）。怎樣突破讀書的困境。臺北：東華。

張春興（1994）。**教育心理學——三代取向的理論與實踐**。臺北：東華。

張景媛（1998）。數學學習與教學。載於林清山（主編，1998）。有效學習的方法。臺北：教育部訓育委員會。

張新仁（2014）。**教室裡的春天——分組合作學習的理念與實踐方案**。引自教育部專案簡報。

張婉如（2015）。**透過服務學習推動生命教育對國小六年級學生生命價值觀之行動研究**。國立臺南大學教育學系課程與教學碩士論文（未出版）。

黑川康正（2001）。**超考試術**/林鬱主編。臺北：新潮社。

游恆山（編譯）（1999）。**心理學導論**（原著Philip G. Zimbardo & Richard J.
Gerrig）。臺北：五南。

葉興華（2011）。我國國中小教科書使用問題及促進未來教科書使用之道。
教師天地，第147期。

莊雅清（2015）**透過繪本與資訊融入教學提升國小二年級學生閱讀理解能力之行動研究**。國立臺南大學教育學系課程與教學研究所碩士論文（未出版）。

蔡朝旭（譯，1994）。**如何學習（How to study）**。Ron Fry原著。臺北：同學。

蔡淑媖（2001）。**從聽故事到閱讀**。臺北：富春。

鄭詩釧（1998）。**國民小學班級經營氣氛、教室衝突管理與教師效能關係之研究**。國立臺灣師範大學教育研究所碩士班論文。

簡紅珠（1992）。**教學研究的主要派典及其啓示之探析**。高雄：復文。

簡紅珠（1996）。國小專家與新手教師班級經營管理實作與決定之研究。載於**教育研究資訊，四卷四期**，頁36-48。

簡紅珠（2006）。優質教學釋義與啓示，**教育研究與發展期刊，2**（2），1-18。

簡紅珠（2006）。優質教學釋義與啓示。**教育研究與發展期刊，2**（2）。

蕭英勵（2009）。**2005～2009年資訊融入教學研究趨勢與發展之研究——以臺灣地區學位論文爲例**。國立臺南大學教育經營與管理研究所博士論文。

二、西文部分

Harman, G. (2004). New directions in internationalization higher education: Australia's development as an exporter of higher education services. *Higher Education Policy, 17*, 101-120.

Kiewra, K. A. (2009). *Teaching How To Learning*. California: Corwin Press.

Johnson, D. W., & Johnson, R. T. (1989). *Cooperation and competition: Theory and research*. Edina, MN: Interaction Book Co.

Johnson, D. W., Johnson, R. T., & Holubec, E. J. (1993) *Circles of learning: cooperation in the classroom*. ISBN: 0-939603-12-8.

Johnson, D. W., & Johnson, R. T. (1994). *Learning together and alone: Cooperative, competitive, and individualistic learning.* Boston: Allyn and Bacon.

Johnson, D. W. & Johnson, R. T. (1998). *Cooperative Learnin And Social Interdependence* Theory[online] Retrieved October 9, 2004, from http://www.co-operation.org/pages/SIT.html

Johnson, D. W. & Johnson, R. T. (1999). *Learning together and alone: Cooperative, competitive, and individualistic learning (5th ed)*. Boston: Allyn & Bacon.

Johnson, D. W., Johnson, R. T., &Stanne, M. B. (2000). Cooperative learning methods: A meta-analysis. September 17, 2000 Retrieved from http://www.clcrc.com/pages/cl-methods.html

John G. Duxbury and Ling-ling Tsai (2010) The effects of *cooperative* learning on foreign language anxuaty: acomparativr study of Taiwanese and americanuniveraitits international *Journal of Instruction Vol.3*, No.1 ISSN: 1694-609X.

Kagan, S. (1989). On Cooperative Learning: A conversation with Spencer Kagan. *Educational Leadership, 47*, 8-11.

McHaney, J. H., & Impey, W. D. (1992). *Strategies for analyzing and evaluating teaching effectiveness using a clinical supervision model*. Paper presented at *the Annual Meeting of the Mid-South Educational Research Association*. Georiga: Geographic srce./country of publication. (ERIC Document Reproduction Service No. ED 354 268).

Naparstek, N. (2010). *Learning solutions: what to do if your child has trouble with schoolwork*. NC: Information Age Publishing.

Pintrich, P. R. (1988). A process-oriented view of student motivaiton and cognition. *New Directions for Institutional Research, 15*(1), 65-79.

Raths, L. E., Wassermann, S., Jonas, A. & Rothstein, A. (1986). *Teaching for Thinking: theory, strategies, & activities for the classroom*. NY: Teacher College, Columbia Univ.

Tomlinson, C. A. (1995). *How to differentiate instruction in mixed-ability classtooms*. Alexandria, VA: Association for Supervision and Curriculum Development.

Vygostky, L. S. (1978). *Mind in society: The development of higher psychology processes*. Cambridge, MA: Harvard University Press.

Walberg, H. J. (2010). *Advancing student achievement*. Stanford, CA: Hoover Institution Press.

Walberg, H. J. (2011). *Improving Student Learning: action principles for families, classrooms, schools, districts, and states*. Information Age Publishing Inc: La Vergne TN.

五南文化廣場 橫跨各領域的專業性、學術性書籍
在這裡必能滿足您的絕佳選擇！

五南全國展售門市

【逢甲店】

【台大店】

【嶺東書坊】

【海洋書坊】

【環球書坊】

【台中總店】

【高雄店】

【屏東店】

海洋書坊：202 基 隆 市 北 寧 路 2號 TEL：02-24636590　FAX：02-24636591
台 大 店：100 台北市羅斯福路四段160號 TEL：02-23683380　FAX：02-23683381
逢 甲 店：407 台中市河南路二段240號 TEL：04-27055800　FAX：04-27055801
台中總店：400 台 中 市 中 山 路 6號 TEL：04-22260330　FAX：04-22258234
嶺東書坊：408 台中市南屯區嶺東路1號 TEL：04-23853672　FAX：04-23853719
環球書坊：640 雲林縣斗六市嘉東里鎮南路1221號 TEL：05-5348939　FAX：05-5348940
高 雄 店：800 高 雄 市 中 山 一 路 290號 TEL：07-2351960　FAX：07-2351963
屏 東 店：900 屏 東 市 中 山 路 46-2號 TEL：08-7324020　FAX：08-7327357
中信圖書團購部：400 台 中 市 中 山 路 6號 TEL：04-22260339　FAX：04-22258234
政府出版品總經銷：400 台中市軍福七路600號 TEL：04-24378010　FAX：04-24377010
網 路 書 店　http://www.wunanbooks.com.tw

專業法商理工圖書・各類圖書・考試用書・雜誌・文具・禮品・大陸簡體書
政府出版品總經銷・中信圖書館採購編目・教科書代辦業務

國家圖書館出版品預行編目資料

精進教師課堂教學的藝術與想像：教學與學習
的寧靜革命／林進材著. ― 初版. ― 臺北
市：五南, 2015.06
　　　面；　　公分.
ISBN 978-957-11-8114-1（平裝）

1.教學法　2.有效教學策略

521.4　　　　　　　　104007316

1IYS

精進教師課堂教學的藝術與想像
教學與學習的寧靜革命

主　　編 ― 黃政傑

作　　者 ― 林進材(134.1)

發 行 人 ― 楊榮川

總 編 輯 ― 王翠華

主　　編 ― 陳念祖

責任編輯 ― 李敏華

封面設計 ― 童安安

出 版 者 ― 五南圖書出版股份有限公司

地　　址：106台北市大安區和平東路二段339號4樓

電　　話：(02)2705-5066　　傳　　真：(02)2706-6100

網　　址：http://www.wunan.com.tw

電子郵件：wunan@wunan.com.tw

劃撥帳號：01068953

戶　　名：五南圖書出版股份有限公司

台中市駐區辦公室/台中市中區中山路6號

電　　話：(04)2223-0891　　傳　　真：(04)2223-3549

高雄市駐區辦公室/高雄市新興區中山一路290號

電　　話：(07)2358-702　　傳　　真：(07)2350-236

法律顧問　林勝安律師事務所　林勝安律師

出版日期　2015年6月初版一刷

定　　價　新臺幣400元